本书受中南财经政法大学出版基金资助

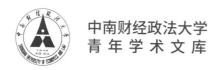

中南财经政法大学
青年学术文库

邓 薇 ○ 著

Research on Spatial Difference and Factors of Regional
Financial Agglomeration of China

我国区域金融集聚的空间差异及影响因素研究

中国社会科学出版社

图书在版编目（CIP）数据

我国区域金融集聚的空间差异及影响因素研究／邓薇著．—北京：
中国社会科学出版社，2018.9

（中南财经政法大学青年学术文库）

ISBN 978 - 7 - 5203 - 2508 - 0

Ⅰ.①我…　Ⅱ.①邓…　Ⅲ.①区域金融—研究—中国　Ⅳ.①F832.7

中国版本图书馆 CIP 数据核字（2018）第 103398 号

出　版　人	赵剑英
责任编辑	徐沐熙
特约编辑	孟尚勇
责任校对	赵伟光
责任印制	戴　宽

出　　　版	中国社会科学出版社
社　　　址	北京鼓楼西大街甲 158 号
邮　　　编	100720
网　　　址	http://www.csspw.cn
发　行　部	010 - 84083685
门　市　部	010 - 84029450
经　　　销	新华书店及其他书店

印刷装订	北京君升印刷有限公司
版　　　次	2018 年 9 月第 1 版
印　　　次	2018 年 9 月第 1 次印刷

开　　　本	710 × 1000　1/16
印　　　张	10.25
插　　　页	2
字　　　数	130 千字
定　　　价	38.00 元

目　　录

第一章

导 论

第一节　研究背景及意义

一　研究的背景

金融是现代经济的核心，金融资源的合理配置是区域经济发展的重要推力。在经济全球化、金融一体化和信息技术快速发展的背景下，金融资源在全球范围内的流动加快，金融机构逐渐集聚在某些地区以相互协作的方式开展金融业务，全球金融格局发生了显著的变化，某些地区金融业不断集聚并逐步形成国际金融中心。这些金融中心最开始出现在发达国家的经济中心城市，例如，纽约、伦敦、多伦多、巴黎等，后来随着东亚地区经济崛起，东京、新加坡、中国香港也逐渐建立形成了金融中心。根据 2014 年 9 月发布的最新全球金融中心指数（Global Financial Centres Index，简称 GF-CI）来看，伦敦、纽约和香港为综合竞争力排名前三的金融中心。伦敦和纽约聚集了大量银行、证券、保险等金融企业的总部机构和分支机构，是世界上具有极大影响力和辐射力的国际金融中心，在证券交易、股票融资、外债发行、货币市场和外汇交易方面都首屈一指。香港在 2013 年首次超越东京成为全球排名第三的国际金融中心，是世界最大的保险市场，亚太区重要的外汇交易中心，其金融衍生品交易、黄金交易、证券交易也位居前列，在全球金融格局中具有重要的地位。作为全球最大的三大国际金融中心，伦敦、纽约和香港控制了全球绝大部分的金融交易，形成了一个能够润滑全球经济的金融网络——纽伦港，在未来很有可能保持强势并进一步发展壮大。

从我国金融发展的情况看来，自金融体制改革以来，金融资产规模迅速膨胀，金融体系不断完善。2014 年全国共有银行业金融机构网点 21.8 万个，从业人员 372.2 万人，资产总额 154.7 万亿元，存、贷款余额共计 114.3 万亿元、83.0 万亿元，共有证券公司 120 家，总资产达 4.1 万亿元，上市公司共计 2613 家，证券市场筹资额达 7059.6 亿元，保险法人公司共计 178 家，分支机构 1585 家，保费收入达 2.0 万亿元。由于经济基础、资源禀赋不同，四大经济地带金融发展呈现较大的差异，金融资源在市场机制的引导下不断流向经济发达、市场条件和基础设施都相对优越的东部地区。2014 年，东部地区银行业分支机构、从业人员、资产总额占全国比重分别为 41%、45.2%、58.4%，存、贷款余额占比分别为 57.3%、56.8%，上市公司数占比为 65.7%，股票筹资额占比为 64.0%，保费收入占比为 54.5%。由此可见，我国金融业发展呈现出向东部集聚的特征。从各个地区的发展来看，北京、上海已形成了一定规模的金融集聚。上海拥有全国唯一的债券市场、外汇市场和黄金市场，聚集了众多的金融企业总部和外资金融机构。2014 年随着自由贸易账户落地、金砖国家开发银行总部落户上海、沪港通的正式启动，上海国际金融中心的建设取得了新的突破。北京作为首都城市拥有优越的政治区位环境，不仅是四大商业银行和政策性银行的总部所在地，而且汇集了众多金融决策、监管机构和外资金融机构。深圳地区证券交易、创业投资活跃，同时还是全国最大的财富管理中心，金融集聚水平仅次于上海与北京。

随着金融集聚现象的日益显现，区域金融业的发展和空间布局逐渐受到各级政府的关注。自 1992 年中共十四大提出"尽快把上海建设成为国际经济、金融、贸易中心之一"以来，各级政府也开始以建设金融中心为政策制定的核心，希望通过金融集聚的竞争优势提升区域的整体竞争力。除上海、北京与深圳之外，广州、成都、天津、重庆、武汉、济南等城市也相继提出建设金融中心的设想。这些地区金融发展与集聚现状是否有利于建设金融中心，我国金融业发展如何科学地布局是值得深入探讨的问题。

二 研究的意义

金融在经济发展中发挥着至关重要的作用，研究区域金融集聚问题具有重要的意义。早期有关金融的研究多侧重于金融与经济发展的关系、市场机制在金融发展中的作用、金融如何促进经济资源的优化配置等，这些研究中常常忽略了空间因素。虽然在全球化、信息化的今天，"空间距离"对经济活动的影响被削弱，有些金融活动可以在相距遥远的两地之间进行，但是，金融机构却越来越集中于某些地区，进而在某些中心城市形成金融中心。这一现象使一些经济学家抛弃经济行为可以摆脱空间约束的观点，开始认为全球化不但没有削弱反而加速了金融集聚，在区域金融的研究中应该注重空间因素。本书将在相关研究成果的基础上引入空间效应，运用空间经济学的理论框架与空间计量经济学的分析工具，研究我国区域金融集聚问题，具有较强的理论和实践意义。

（1）理论意义

产业集聚现象一直是学者们关注的焦点，但是相关研究多集中在制造业，有关服务业集聚的研究相对较少，专门针对金融业集聚现象的研究少之又少。本书将利用空间分析工具揭示区域金融活动的空间布局和空间效应。空间分析强调"空间因素"的量化分析，利用地理属性数据的空间特性，在分析空间关系的基础上进行数值的相关分析，可以更准确地揭示区域金融发展的本质，是金融地理学、空间经济学、计量经济学、地理信息系统跨学科研究的综合体现。本书将从空间角度分析区域金融集聚的差异问题，是将产业集聚理论、空间计量经济学应用到区域金融集聚研究上的一个新尝试，具有重要的理论意义。

（2）现实意义

我国金融发展与集聚存在明显的区域差异性，东部沿海地区金融业发展水平高，集聚现象较为明显，而中部、西部和东北部的大部分地区金融业发展水平低下，还未形成较为显著的金融集聚。在经济结构调整、发展方式转变的转轨阶段，金融发展及布局也应以适应经济转轨为目标。虽然众多城市均提出了建设金融中心的设想，但在这些城市中，究竟哪些具备建设金融中心的条件、各个地区金融集聚的现有水平如何、金融业的空间分布具有什么特征、影响区域金融集聚的因素有哪些、地区金融集聚的发展趋势如何？这些问题的研究与探讨对促进我国区域金融的合理布局与协调发展、推进我国金融中心建设具有重要现实意义。

第二节　国内外研究现状

一　国外研究综述

随着金融和经济的快速发展，金融发展的区域差异性越来越明显，金融集聚现象也日益突出，这一现象引起国内外经济学者的关注。然而，对金融集聚的研究尚处于起步阶段。国外学者的相关研究主要集中在如下几个方面。

（1）金融资源的地域流动

传统的金融理论以货币和金融市场为主要研究对象，其理论与模型的建立都忽略了地域差异对金融发展的影响。随着时间的推移，国外学者开始关注"金融的区域性"问题，在金融研究中使用空间和地理的视角。

金融资源的地理分布和地域流动是金融地理学主要研究方向之一。Leyshon & Thrift（1997）[1] 对货币流动方式、不同地区（相距遥远）之间货币的联系方式以及货币如何推动资本主义社会运转等问题做了深入的分析。David（1998）[2] 通过数据分析发现跨境资金的流动不仅取决于不同国家的市场规模和交易成本，交易技术和信息的分布也是影响资金流动的重要因素。Portes & Rey（2000）[3] 发现市场的规模和效率影响着股权资本跨界流动，从信息地理学的角度来看，距离导致的信息不对称将会阻碍交易流动，造成市场分割。Clark（2003）[4] 从国际清算银行和世界银行取得了官方数据，并据此将东京、纽约、伦敦等重要金融市场的流动联结起来形成24小时交易图，以反映全球金融资源流动的情况。

（2）金融集聚的动因

金融地理学家利用信息流理论研究金融集聚的成因，认为尽管信息技术的快速发展加深了金融服务的信息化程度，地理因素

---

① Leyshon A. and Thrift N., "Spatial financial flows and the growth of the modern city", International Social Science Journal, Vol. 49, No. 151, 1997.

② David C. Porter and Daniel G. Weaver, "Post-trade transparency on Nasdaq's national market system", Journal of Financial Economics, Vol. 50, No. 2, 1998.

③ Portes R. and Rey H., "The determinants of cross-border equity flows", Social Science Electronic Publishing, Vol. 65, No. 2, 2000.

④ Clark G. L. and Wójcik D., "An Economic Geography of Global Finance: Ownership Concentration and Stock-Price Volatility in German Firms and Regions", Annals of the Association of American Geographers, Vol. 93, No. 4, 2015.

仍是影响金融发展的重要因素，距离带来的信息非标准化与不对称、地域依赖都影响着金融的发展。信息革命并未减弱地理空间距离对金融活动的影响，金融机构接近信息源能够减少信息不对称带来的交易风险。Clark & Wojcik（2004）[1] 对德国的资本市场进行了实证研究，认为欧洲的一体化程度偏低，资本市场有效性不足，职业投资者如果离信息源近一些，将有利于搜寻信息、分析信息并从中获利。Zhao（2002）[2] 认为由于非标准化信息的传输不同于标准化信息，金融机构只有在充分接近信息源的条件下才能准确地了解非标准化信息的内容和价值，减少信息不对称带来的金融交易风险。

还有一些学者以产业集聚理论为基础对金融集聚现象进行了分析，认为规模经济、外部经济、集聚经济和交易成本是金融集聚的主要动因。Davis（1988）[3] 通过对金融企业的选址决策进行调查研究发现金融机构在选址时主要关注所选地区是否能使其获得必需的生产要素，商业条件是否完善，地区金融需求规模的大小，金融体系的完善程度和金融创新的发展情况。由于金融企业在选择时具有相似的需求，选址结果趋同，从而形成金融集聚。N. R. Pandit（2001）[4] 从微观的视角分析了金融机构集聚的机制。从需求的角度看，位于著名集聚区的金融机构更容易获得对顾客全方位的了解，降低信息不对称带来的风险，从而提高企业信誉、维持长期客

① Clark G. L. and Wójcik D. , "Path Dependence and Financial Markets: The Economic Geography of the German Model, 1997—2003", Environment & Planning, Vol. 37, No. 10, 2004.

② Zhao S. , Cai J. , Zhang L. , "Information Flow and Asymmetric Information as Key Determinants for Service and Financial Center Development: A Case on Socialist China", Annals of the New York Academy of Sciences, Vol. 990, No. 1, 2005.

③ Davis E. P. , "Financial market activity of life insurance companies and pension funds", Bank for International Settlements, Monetary and Economic Department, 1988.

④ N. R. Pandit, G. A. S. Cook, P. G. M. Swann, "The Dynamics of Industrial Clustering in British Financial Services", Service Industries Journal, Vol. 21, No. 4, 2001.

户关系。从供给的角度来看，位于集聚区使金融机构更容易获得专业金融人才，能加深其与邻近金融机构的合作。

（3）金融集聚的效应

Kindleberger（1974）[①] 认为"集聚能够提高金融机构跨地区的支付效率和金融资源的地区配置效率，节约金融机构周转资金余额，提供投融资便利，降低金融交易的成本"。Gehrig（1998）[②] 认为支付体系的规模经济、金融机构的信息溢出和金融中心较好的市场流动性是金融机构集聚的主要效应。金融集聚产生的知识外溢和信息外部性使集聚区内的金融机构能够获得经验、技术及专业人才的共享。Pandit（2002）[③] 的研究表明金融集聚效应影响公司的成长和新进入者的数量。他将金融机构分为八个部分，利用模型进行回归分析，发现"非寿险与信托投资两类金融部门的年成长率远远低于其他部门的平均水平，而银行、金融中介及其附属机构、寿险公司的成长率较高。金融集群区域内非寿险、非银行金融中介、银行三个部门对本部门金融机构的集群与成长具有较强的正效应，对其他部门的金融机构则产生较强的负效应，从而阻碍其他部门金融机构的成长"。

（4）金融中心的相关研究

金融资源的区域流动，金融集聚的结果是形成金融中心。国外学者从不同角度对金融中心进行了研究，主要包括对金融中心成因的分析、对金融中心竞争力的评价和金融中心层次结构的研究等。

---

① C. P. Kindleberger, *The Formation of Financial Centers: A study of Comparative Economic history*, Princeton: Princeton University Press, 1974.

② T. Gehrig, "Cities and the Geography of Financial Centres", Social Science Electronic Publishing, 1998.

③ N. R. Pandit, Gary A. S. Cook, G. M. P. Swann, "A Comparison of Clustering Dynamics in the British Broadcasting and Financial Services Industries", International Journal of the Economics of Business, Vol. 9, No. 2, 2002.

对于金融中心的成因问题, Pryke (1999)[①] 认为, 金融机构集聚的规模经济导致了金融中心的形成。多个金融机构的空间聚集加强彼此间的协调和配合, 并且通过共享基础设施减少投资, 降低成本。金融集聚缩短了生产者和消费者的距离, 使两者能够便捷地沟通, 同时通过减少金融交易过程中的流通环节, 使生产和消费更为方便。Gehrig (1998)[②] 的研究表明金融活动对信息的敏感程度的不同导致其集聚倾向性有较大差异。较为敏感的金融活动为了获取更多的信息倾向于集中在金融中心, 而那些对信息不敏感的金融活动为了使交易限制减少、交易成本降低会舍弃金融中心而选择城市郊区。

在金融中心的层次结构方面, 国外学者进行了大量的研究。Reed (1981)[③]通过对大量数据的分析处理, 对 20 世纪 70 年代主要国际金融中心利用识别分析方法进行了分析并排序。Sassen (1999)[④] 认为国际金融中心和地区性金融中心具有不同的功能。国际金融中心处理国际化的资本流动及运作, 针对不同国家的公司或者政府提供金融服务和管理。地区性的金融中心则为本地区公司和政府提供金融服务。Poon (2003)[⑤] 利用聚类分析法对 1998 年全球资本市场进行了分层, 将 1998 年的全球资本市场划分为七个层次, 纽约和伦敦位居第一层, 东京和法兰克福位居第二层, 中国台北位居第三层, 中国香港位居第四层。

[①] Pryke M. and Lee R. , "Place your bets towards an understanding of globalization, socio-financial engineering and competition within a financial center", Urban Studies, Vol. 9, No. 2, 1995, 32 (2): 329 – 344.

[②] T. Gehrig, "Cities and the Geography of Financial Centres", Social Science Electronic Publishing, 1998.

[③] H. C. Reed, *The preeminence of international financial centers*, Praeger, 1981.

[④] Sassen S. , "Global Financial Centers", Foreign Affairs, Vol. 78, No. 1, 1999.

[⑤] Poon S. H. and Granger C. W. J. , "Forecasting Volatility in Financial Markets: A Review", Journal of Economic Literature, Vol. 41, No. 2, 2003.

二 国内研究综述

国内学者对金融集聚的研究起步较晚，现有的研究主要集中于金融集聚的成因、形成机制和集聚效应的研究以及金融中心的相关研究等。

（1）金融集聚的动因

对于金融集聚的动因问题，潘英丽和梁颖从金融机构选址决策的角度进行了研究。潘英丽（2003）[①]运用企业区位选择理论分析了影响金融机构选址决策的供给因素和需求因素，资金与生产要素的供给、经济与政治环境、政府的政策与掌握通信技术的人才是金融机构选址时考虑的主要因素。梁颖（2006）[②]认为，金融企业的选址决策最终决定了产业集聚的区域。区域的地理位置、地区市场的供求因素、路径依赖因素和政府推动因素是影响金融企业选址的主要因素。

冯德连、葛文静（2004）[③]认为国际金融中心成长的动力来自两种拉力（科学技术和经济发展）、三种推动力（供给因素、历史因素和城市因素）和地方政府公共政策的作用力。香港学者S. X. B. Zhao 等（2004）[④]认为金融集聚与跨国公司区域总部所在地有紧密联系，通过对跨国公司区域总部大量的问卷调查发现信息问题是金融集聚的重要因素，完备的通信设施有利于金融集聚的形

---

① 潘英丽：《论金融中心形成的微观基础——金融机构的空间聚集》，《上海财经大学学报》2003 年第 1 期。

② 梁颖、罗霄：《金融产业集聚的形成模式研究：全球视角与中国的选择》，《南京财经大学学报》2006 年第 5 期。

③ 冯德连、葛文静：《国际金融中心成长的理论分析》，《中国软科学》2004 年第 6 期。

④ S. X. B. Zhao，L. Zhang，D. T. Wang，"Determining factors of the development of a national financial center: The case of China"，Geoforum，Vol. 35，No. 5，2004。

成与发展。范方志等（2004）[①] 的研究表明市场因素与政府推动是上海银行业集聚的主要动因。

（2）金融集聚的形成机制

就金融集聚的形成机制的研究，有代表性的是张凤超、黄解宇和杨再斌的研究，他们从金融地域运动的角度对金融集聚的形成机制进行了解释。张凤超（2003）[②] 认为金融资源的地域差异性将引发金融地域运动。中心城市是金融地域运动的枢纽，发挥着组织、集散和传输的功能。金融资源在中心城市集聚成金融产业，而金融产业成长水平的差异形成了金融职能的等级结构，中心城市逐次递进为金融支点、金融增长极和金融中心等城市类别，承担和发挥各自的金融功能。黄解宇（2006）[③] 提出"金融集聚的过程即是货币资金、金融工具、金融机构、金融市场、整体性金融资源时空动态运动以及有机结合的过程。一定的地域空间在吸纳、动员、引导、传输、配置、开发金融资源上具有不同的能力和初始条件，在适宜的地域或空间内，金融资源通过与地域情况相结合参与地域运动并凝结成金融产业，进而形成金融集聚。而由于条件、要素的地域差异，必然产生金融资源的地域流动，并向区位与其他条件优越的地区集中和聚合，从而形成不同层次的金融集聚"。

梁颖（2006）[④] 通过分析伦敦和新加坡这两种不同的金融集聚形成模式，归纳出金融集聚形成的主要因素。伦敦的金融集聚是由历史积累自发形成的，由于经济增长产生了新的金融需求，从而导致金融机构和市场的相应扩张和长期繁荣。而新加坡的金融集聚是政府主导的嵌入

---

① 范方志、汤玉刚、齐行黎：《国内外银行业聚集上海动因的实证研究》，《上海财经大学学报》2004 年第 5 期。

② 张凤超：《金融地域运动：研究视角的创新》，《经济地理》2003 年第 5 期。

③ 黄解宇、杨再斌：《金融集聚论》，中国社会科学出版社 2006 年版，第 5 页。

④ 梁颖、罗霄：《金融产业集聚的形成模式研究：全球视角与中国的选择》，《南京财经大学学报》2006 年第 5 期。

发展，即由国家或地方政府主导，通过人为设计规划和政策强力支持，引导金融资本流向那些金融基础相对良好的地区，形成产业集聚的雏形，带动国内金融市场的发展，进而通过产业的上下游联系，促进经济各部门发展，从而催生出对金融业的新需求，巩固产业集聚的效果，加深集聚的程度和规模。对两种不同模式的金融集聚的实证分析表明，区位优势、经济基础、金融制度、法制监管、财税政策和金融专业人才的储备是金融集聚形成的重要因素。

（3）金融集聚效应

金融集聚效应是指金融集聚形成后对本地区经济及周边地区金融与经济发展起到的带动和促进作用，国内这方面的相关研究较少。刘红（2008）[①] 运用 LS 模型分析了金融集聚对本地区的增长效应和对周边地区的辐射效应。金融集聚带来的需求关联效应、资本溢出效应对本地区经济发展有促进作用，而市场拥挤效应则有可能使金融资源从集聚状态发展为扩散状态，对周边地区产生涓流效应。金融资源流入周边地区将伴随着信息和创新技术的扩散，有利于周边地区技术进步和资本生产率的提高。同时，金融资源的扩散会使周边地区的金融机构数量、金融资源数量与质量得到提升，从而产生资本累积效应和储蓄投资转化效应。实证分析的结果表明上海金融集聚对本地区具有明显的增长效应，但对周边江苏省和浙江省的辐射效应并不明显。唐吉平、陈浩、姚星垣（2005）[②] 利用威尔逊最大熵原理测算上海对周边城市苏州、杭州、南京的辐射强度，结果表明长三角金融辐射区相互重叠，已经形成紧密联系的网络格局。

闫彦明（2010）[③] 从定性和定量的角度分析了金融集聚对周边地

---

①　刘红：《金融集聚对区域经济的增长效应和辐射效应研究》，《上海金融》2008 年第 6 期。

②　唐吉平、陈浩、姚星垣：《长三角城市金融辐射力研究》，《浙江大学学报》（人文社会科学版）2005 年第 6 期。

③　闫彦明：《区域经济一体化背景下长三角城市的金融辐射效应研究》，《上海经济研究》2010 年第 12 期。

区的辐射效应。他认为金融集聚地区可通过设立金融分支机构，为周边区域经济发展提供资金支持，提供投、融资和规避风险的场所，提供便捷、可靠、低廉的金融信息服务，构建强大的区域金融监管体系等途径来发挥金融辐射效应。此外，金融辐射效应还往往具有负面作用，如加剧区域金融差距、推动金融风险的跨区域扩散等。定量分析表明上海是长三角地区金融实力最强的中心城市，辐射了绝大部分长三角地区，江浙作为长三角经济发展的两翼，金融辐射效应也较为明显，对周边地区的经济发展起到了积极的促进作用。宁钟等（2006）[①] 研究了金融集聚的正效应和负效应，正效应包括金融机构集聚产生的规模经济、信息溢出和市场外部性，负效应包括市场进入成本的增加、政府的干预与寻租行为以及信息地区化等。

（4）金融中心的相关研究

国内关于金融中心的研究主要侧重于金融中心形成的影响因素分析以及对上海国际金融中心建设问题的研究。这些研究阐明了经济发展、政策环境、地理位置等因素对金融中心形成的作用，并对上海建设国际金融中心提出了相应的政策建议。胡坚等（2003）[②] 认为"一个地区能否成为国际金融中心主要取决于经济因素、政治因素和金融因素三个方面。快速增长的本地经济、稳定的政治环境、完备的金融制度、高水平的金融创新水平、充沛的金融人才、发达的通信网络、较高的金融发展水平将有利于国际金融中心的形成与发展"。潘英丽（2003）[③] 认为"金融中心形成的基本条件有：政治与经济稳定、高效的金融机构体系、先进的通信设施和良好的

---

① 宁钟、杨绍辉：《金融服务产业集群动因及其演进研究》，《商业经济与管理》2006 年第 8 期。

② 胡坚、杨素兰：《国际金融中心评估指标体系的构建——兼及上海成为国际金融中心的可能性分析》，《北京大学学报》（哲学社会科学版）2003 年第 5 期。

③ 潘英丽：《论金融中心形成的微观基础——金融机构的空间聚集》，《上海财经大学学报》2003 年第 1 期。

监管环境。在金融中心的形成过程中，政府应通过相应的公共政策降低金融机构的经营成本、促进人力资源的供给和电信产业的现代化，不断完善监管环境和税收制度"。黄运成等（2003）[1] 总结了建设国际金融中心的基础条件主要有高速增长的经济水平、国际化的经济与金融、稳定的政治环境、既宽松又严格的法规体系，指出上海与成熟的国际金融中心之间仍然存在着差距。干杏娣（2002）[2] 认为上海应充分发挥政府作用推动金融中心建设进程，借鉴国际金融中心发展的成功经验，顺应潮流并发展自身特色，加快经济金融体制的市场化发展。

（5）金融集聚的评价

有关金融集聚评价的研究主要分为两类：一类是使用产业集聚的测度指标来衡量金融集聚水平，常用的指数有赫芬达尔指数、区位基尼系数、区位熵等。另一类是建立指标体系来衡量金融集聚的水平。梁颖（2006）[3] 从金融集聚城市竞争力的角度建立了宏观评价指标体系。该指标体系包括金融产业运营的国民经济绩效、金融产业规模、金融产业效率、金融产业的环境、金融产业的制度等方面。陈平等（2011）[4] 研究了香港金融集聚的历史，选取了与银行、保险及财务类公司相关的八个指标构建了香港金融机构集聚度，并通过建立回归模型分析了香港金融机构集聚度的影响因素。丁艺（2010）[5] 建立了包括金融总体规模、银行业、证券业和保险

---

① 黄运成、文晓波、杨再斌：《上海建设国际金融中心的基础性条件与主要差距分析》，《上海经济研究》2003 年第 9 期。

② 干杏娣：《新时期上海国际金融中心的发展策略与规划》，《上海金融》2002 年第 11 期。

③ 梁颖、罗霄：《金融产业集聚的形成模式研究：全球视角与中国的选择》，《南京财经大学学报》2006 年第 5 期。

④ 陈平、颜超、肖冬红：《香港金融机构集聚分析》，《当代港澳研究》2011 年第 1 期。

⑤ 丁艺：《金融集聚与区域经济增长的理论及实证研究》，博士学位论文，湖南大学，2010 年，第 51 页。

业四个准则层的金融集聚程度评价指标体系，并利用主成分分析法对 2007 年我国 31 个省、直辖市的金融集聚程度进行了评价分析。结果表明金融集聚程度从东部向东西部地区递减，上海是我国金融集聚水平最高的地区，北京、广东仅次于上海。长三角地区、珠三角地区和环渤海地区整体金融集聚水平较高。

三　国内外研究评述

从以上文献综述可以看出，国内外学者从不同的角度对金融集聚问题进行了研究，这些研究对进一步发展金融集聚理论，促进金融中心的建设和金融与经济的协调发展具有重要作用。但是，与产业集聚的研究相比，金融集聚研究的时间较短，研究尚处于起步和发展阶段，现有的研究仍存在一定的局限。

1. 金融集聚的理论研究框架较少

从现有文献资料分析，金融集聚的研究多借鉴了产业集聚的理论研究框架，国内外学者对金融集聚的理论分析框架还缺乏深入系统的探讨。随着新经济地理学的兴起，金融集聚研究应突破单一的产业集聚理论分析框架，结合多学科的研究成果，针对金融产业的特性进行系统的理论研究。

2. 金融集聚的理论研究与定量研究联系不紧密

从现有文献资料来看，单纯从定性角度或者定量角度研究金融集聚的文献较多，定性与定量研究相结合进行系统研究的文献比较少。金融集聚的理论研究不应停留在定性分析的层面，而是要为定量研究的开展提供理论平台，定性研究应与定量研究紧密结合起来。

3. 金融集聚的实证研究方法较为简单

金融集聚的实证研究主要集中在金融集聚的评价、金融集聚影响因素分析和金融集聚与经济增长的关系的研究几个方面。在金融集聚评价的某些文献中所建立的指标体系虽然全面，但由于相关统计数据较难获取，可操作性较差。有些实证分析对指标权重的附值带有主观性，研究所采用的数据较短，多为静态的分析研究，对金融集聚程度变化趋势的动态研究较少。在关于金融集聚影响因素和金融集聚与经济增长关系的相关研究中，所采用的研究方法较为简单，例如，时间序列模型、基于截面数据或面板数据的回归模型、协整检验、Granger 因果检验或 VAR 模型，较少采用空间数据和空间统计方法来进行实证研究。

4. 金融集聚的研究中考虑空间相关性的较少

在关于金融集聚的研究中，绝大部分是将研究区域作为孤立的封闭的区域进行实证分析，没有考虑到本区域与周边区域之间金融业发展的空间相关性，在建立的计量模型中忽略了空间距离要素，这将使模型的设定与估计出现偏误，其分析的结果因此而缺乏实际应用的价值。

第三节　研究内容和研究方法

一　研究内容

本书以金融集聚为研究对象，首先，通过对国内外相关文献的梳理，总结吸收区域经济学、金融地理学、空间经济学等对金融集聚的研究成果，依据金融集聚的科学内涵，构建金融集聚综合评价指标体系，评价中国省级区域金融集聚程度，从纵向与横向比较中国省级区域金融集聚的差异。然后，利用空间统计分析方法分析金融业的空间布局，剖析省级区域金融业发展的空间关联性和空间差异性，通过建立空间计量经济模型研究区域金融集聚差异的影响因素。最后，预测省级区域金融集聚的发展趋势，为区域金融业发展与集聚以及我国金融业整体布局提出政策性建议。

本书的重点是：省级区域金融集聚评价指标体系的构建及实证分析；省级区域金融集聚的空间差异性与空间关联性分析；省级区域金融集聚发展的影响因素分析；省级区域金融集聚的动态预测。

本书分为七个部分，各个部分的具体内容如下。

第一章是本书的导论部分。阐明了本书的研究背景、目的和意义，对金融集聚的国内外研究现状进行综述，总结现有研究成果的局限性。并且介绍了本书的研究内容、研究路线和研究方法。

第二章是金融集聚的理论部分。主要介绍金融集聚的科学内涵及特点，对金融集聚相关理论进行梳理。阐述规模经济理论、区位经济理论、交易费用理论、新经济地理学理论、金融地理学理论等金融集聚研究的理论基础。

第三章是金融集聚的测度。首先从行业角度对东、中、西、东北部的金融集聚现状与趋势进行概述。然后利用集中度、基尼系数、区位熵对我国金融集聚状况进行测度。接着，通过建立区域金融集聚综合评价指标体系，利用多指标综合评价方法对我国省级区域的金融集聚程度进行测度，对各个地区的金融集聚水平进行纵横向比较分析。

第四章是省级区域金融集聚水平的空间分析。首先介绍空间统计的基本原理，然后利用空间统计方法中的分位图、Moran's I 指数和散点图对我国省级区域金融集聚进行全局空间相关性分析和局部空间相关性分析，借助 Arcview 地理信息系统将分析结果"视图化"。

第五章是金融集聚的影响因素分析。首先从理论角度分析影响金融集聚的多种影响因素，在建立模型时考虑金融集聚的空间相关性，将空间因素纳入计量模型，通过建立空间面板模型对省级区域金融集聚影响因素进行计量分析。

第六章是省级区域金融集聚的动态预测。介绍灰色系统预测的基本原理，用灰色系统对我国省级区域的金融集聚发展趋势进行预测。

第七章在前述各章研究基础上，归纳全文研究所得出的结论，结合当前经济发展现状和金融发展趋势，对省级区域金融与经济协调发展提出相关政策建议，并提出本书进一步完善方向。

二 研究方法

本书采用的主要研究方法有：

（1）比较研究法

本书综合运用集中度、基尼系数、区位熵等多种产业集聚测度指标，运用比较法多维度、多层次地揭示我国金融发展的区域差异和集聚特征。本书主要作两类比较：一类是四大经济地带的比较研究；另一类是省级区域的比较研究。

（2）综合指标体系

本书在利用单一产业集聚指标衡量我国金融集聚水平的基础上，通过建立包括金融规模、金融机构和金融效率三个层面的区域金融集聚水平评价指标体系，对31个省级区域的金融集聚水平进行了全面综合的评价。

（3）纵横向拉开档次评价法

纵横向拉开档次法是基于时序立体数据的动态综合评价方法。该方法将每一被评价对象的多个指标值构成的向量投影到一维空间上，利用最优化的方法使投影的分散程度最大，从而使每一被评价对象被客观赋予权重之后在横向上最大限度地拉开差距，这样评价结果具有较强可比性，没有丝毫的主观色彩。本书第三章使用纵横向拉开档次法对省级区域金融集聚水平进行了测算。

（4）空间分析法

本书采用空间分析法，从定量角度分析我国金融业空间布局与影响因素。第四章用分位图、Moran's I 指数和 Moran 散点图分析我国金融业以及银行、证券、保险业发展的空间差异。第五章纳入空间因素，构建空间面板经济模型对我国金融集聚的影响因素进行实证研究，使模型的解释力更强，更符合经济现实。

（5）灰色系统预测法

灰色系统是介于白色系统与黑色系统之间的过渡系统，系统的部分信息已知，部分信息未知。灰色系统预测对原始序列进行生成处理并建立微分方程模型对系统的发展趋势进行预测。本书第六章以灰色系统预测原理为基础，对省级区域的金融集聚发展趋势进行了动态预测。

本书的研究路径如图1—1所示。

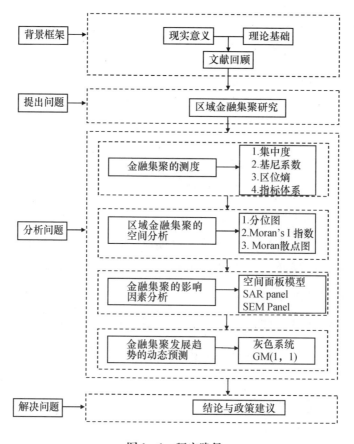

图1—1 研究路径

第二章

金融集聚的内涵与理论基础

第一节　金融集聚的内涵

一　产业集聚的内涵

"集聚"最早在生物学中被用来描述和诠释自然界同种与异种生物在特定环境集中的现象及其共生关系，之后用于描述产业的地理集中现象。产业集聚是指相互关联的企业依靠比较稳定的分工协作和网络关系而形成的空间集合体。自18世纪下半叶以来工业化国家在发展的进程中出现的产业集聚现象吸引了各领域研究者的关注。

古典经济学家马歇尔将外部经济确认为产业集聚的形成根源，首次提出"产业集聚即空间外部性"，将产业集聚纳入古典经济学研究的范畴。马歇尔在《经济学原理》中明确指出产业集聚的内涵，认为产业集聚是一种外部经济的现实体现，产业集聚区内专业人力资源、配套机械设备、与产业相关的附属产业的地理上集中使得产业的生产成本降低，而产业集聚带来的技术外溢将使产业的生产效率提高，这些外部效应是促使企业地理区域集中并形成产业区的主要原因。

迈克尔·波特指出国家的竞争力取决于产业优势，并且具有产业优势的国家其优势产业常常具有集群特征。关于产业集聚的内涵，波特在其著作《论国家的竞争优势》中将产业集聚定义为"特定产业中相互关联的公司或组织机构的集聚体，包括处于原材料市场上游的供应商、处于产品下游的渠道和顾客、提供辅助品的制造商以及具有相关技术技能的其他企业"。

贝卡提尼（Bacattini）从生产的角度将产业集聚定义为拥有相同社会历史条件的居民和企业在特定区域形成的地域生产综合系统。斯多波（Storper）针对产业集聚的贸易属性进行了研究，他表明"以经济活动中的贸易方式为主体，在特定的地理区域内，产业集聚表现为独特的专门化特征，或者是资源依赖型产业，或者是制造型产业，或者是服务型产业"。

产业集聚是一个长期且复杂的过程，不同的学者对于它有不同的定义，综合起来可以将其概括如下：1）产业集聚是相互关联的企业在地理上的集中，地理因素是产业集聚的重要因素；2）集聚的企业具有需求与供应的共同性和互补性；3）企业间知识与技术的外溢促使企业在地理上集中并形成集聚。

二　金融集聚的内涵

早期对产业集聚的研究多以制造业为对象，与传统的制造业相比较而言，金融业处于经济社会核心的位置，金融集聚就要比一般的产业集聚复杂。广义地看，金融集聚的主体不仅包括存在竞争与合作关系的金融机构及社会中介机构，还包括各种金融发展进程中所必备的硬件设施、客户等外在条件。"金融集聚是金融系统和金融资源的内在结构、规模、功能在时空上有序演变以及金融资源与特定的地域经济环境、地理环境及其他产业之间相互影响、相互促进的结果。"①

---

① 李淑娟、冯妮莎：《金融服务产业集群形成机理研究综述》，《技术经济》2012 年第 6 期。

黄解宇（2006）[①] 指出金融集聚既可以看作动态变化的过程也可以看作一种状态和结果。从变化的角度来看，金融集聚可以看作金融资源通过流动与地域条件协调、配置，从而在某一地域集中使金融效率不断提高的动态变化过程；也可以看作在这一动态变化之后所形成的金融机构、金融工具、金融产品、金融制度、金融政策及法律法规等相关要素在地域空间的上的规模化的集中状态。

滕春强（2006）[②]将金融集聚看作"介于金融企业和金融市场组织之间的一种网络组织。这种网络组织的形成是相互关联的金融企业及相关产业通过金融资源与地域条件协调、融合，从而形成规模性集聚的结果，集聚形成的网络组织中的企业具有地理接近性、行业接近性和社会接近性"。

梁颖（2006）[③] 认为"金融集聚是指一国的金融监管部门、国内金融企业、金融中介机构等具有总部功能的金融机构向某一特定区域集聚所形成的特殊产业空间结构，金融集聚区域内的金融机构与其他国际性金融机构、跨国公司、国内企业总部之间存在密切的相互联系"。

综合以上学者的观点，金融集聚具有丰富的内涵，既可以看作金融资源、金融系统与地理环境、人文环境和其他产业相互融合、相互影响，从而在结构、功能、规模和等级上发生的动态变化过程，又可以看作这种动态变化过程的结果，即金融资源、金融机构以及相关要素向某一地区集中后所形成的规模性的集聚状态，这种集聚状态是一种特殊的产业空间结构。

---

① 黄解宇、杨再斌：《金融集聚论》，中国社会科学出版社 2006 年版，第 3 页。

② 滕春强：《金融企业集群：一种新的集聚现象的兴起》，《上海金融》2006 年第 5 期。

③ 梁颖：《金融产业集聚的宏观动因》，《南京社会科学》2006 年第 11 期。

三 金融集聚的特点

金融业集聚是产业集聚发展到一定阶段的产物，在产业集聚的基础上逐渐形成和发展。金融业集聚与一般产业的集聚具有很多相似的特征，但金融业作为现代经济的核心，其集聚过程与方式又与一般产业集聚存在明显差异。

表 2—1　　　　　　　　　　金融集聚与产业集聚比较

集聚类型	产业集聚	金融集聚
集聚内容	产业（制造业、商业）	金融业及相关服务业
集聚速度	较缓	金融的高度流动性使得集聚速度较快
集聚程度	集聚程度较金融业低	可以形成高度的集聚
集聚模式	各种模式（马歇尔、意大利式产业集聚、卫星平台式集聚、辐射式产业集聚）	新型产业集聚模式
集聚动因	空间外在性、不对称信息与默示信息	除一般产业集聚动因外，还存在特殊动因（如高流动性、产业集聚的伴随物、经济主导与核心）
影响因素	自然条件、历史、偶然因素、规模经济和外部性、企业组织结构、竞争和创新	除此之外，受经济发展阶段、体制及国际环境影响较大
集聚条件要求及所依赖的社会发展阶段	不同条件、不同阶段下都可能发生	较高的经济与社会条件、较高的社会发展阶段
效应传导机制	集聚效应、扩散效应、溢出效应	集聚效应、扩散效应、溢出效应、功能效应
影响范围	主要集中在本产业及相关产业	不仅影响金融业，还影响所有相关产业

续表

集聚类型	产业集聚	金融集聚
监管	行业性监管	较为复杂，综合性监管
风险传导	行业性风险	较快，影响范围大
政策引导	政策作用相对明显	政策作用机制较复杂，作用效果不确定，受体制影响比较大

资料来源：黄解宇：《金融集聚论》，中国社会科学出版社 2006 年版。

第二节　金融集聚的相关理论

自马歇尔提出产业集聚的概念以来，国外学者从不同的角度对这一现象进行了研究，形成了外部经济理论、区位经济理论、新竞争优势理论、交易费用理论、新经济地理学理论等。

一　规模经济理论

规模经济指生产规模的扩大可以使产品的平均成本降低。马歇尔认为规模经济按照其产生的原因不同可以分为内部规模经济和外部规模经济。内部规模经济指企业通过扩大自身的生成规模使产品的平均固定成本降低，从而使产品的平均生产成本降低。外部规模经济指某一区域内企业数量增加将会使产业的总产量增加，从而使产品的平均成本降低。马歇尔认为产业集聚的根本原因就在于外部规模经济。产业集聚带来的外部规模经济主要体现在三个方面：一是企业在地理上的集中能够通过降低运输成本、优化交易环节来降低企业的生产成本、提高生产效率；二是产业集聚将产生大规模的劳动力市场，为集聚区内的企业提供充足的劳动力，满足企业在不同市场行情下的劳动力需求，同时集聚使劳动力加快流动，降低集聚区内的失业率；三是集聚的形成将产生信息和技术的外溢，集聚区内的信息与技术扩散速度更快，这将使企业获取信息和技术的费用降低。马歇尔指出，企业在一个空间中的集聚程度越高，资金、人力资源、自然资源、运输物流等生产要素的集聚就越显著，生产要素的充足供给将使整个产业的平均生产成本降低，从而使集聚区内的企业获得成本优势，竞争力提高。

二 区位经济理论

工业区位论的创始人阿尔弗雷德·韦伯在《工业区位论》中从企业选址的不同视角，采用运费曲线分析法分析了产业集聚的产生原因。韦伯指出企业在确定厂址或公司区域时以成本最小化为选址目标，成本最小即是最优的选择。因此，企业会选址于集聚区以获得成本节约。与分散相比，许多相关的企业在空间上集聚并达成一定规模之后，能削减开支，获得更多的利益。一方面，集聚强化技术设备的专业化性能，提供充足的劳动力市场，使人力资本的配置更为优化，通过大规模的批量效应降低企业的交易费用；另一方面，在集聚区内的企业可以通过基础设施的共享来降低经常性开支成本。由此可见，理性的选址决策者会将企业迁移至集聚区的运费与迁移后企业可节约的成本相比较，当前者小于或者等于后者时，就会作出迁移至集聚区的决策。企业在选址决策上的趋同性将促使集聚现象的产生。

经济学家胡佛提出了产业集聚最佳规模论，指出集聚产生的规模经济效应是企业选择区位的重要影响因素之一，产业集聚体具有最佳规模。胡佛认为规模经济有三个不同的层次，具体为：1）单个区位单位的规模决定的经济；2）单个公司的规模决定的经济；3）集聚体的规模决定的经济。使得这三种规模经济达到最大值的规模分别为区位单位最佳规模、公司最佳规模和集聚体的最佳规模。胡佛指出产业集聚存在一个最佳的规模，如果集聚体的规模小于最佳规模，将难以实现集聚的最佳效果；如果集聚体的规模超过了最佳规模，反而有可能使得集聚体的整体效应下降。

韦伯和胡佛从不同的研究角度对产业集聚问题进行研究，韦伯从企业选址成本角度对产业集聚现象的形成做出解释，胡佛从产业集聚体最佳规模的角度来诠释产业集聚。遗憾的是，韦伯和胡佛二人的研究并未对产业集聚问题建立起完整统一的理论分析模型。

三 新竞争优势理论

新竞争优势理论认为尽管企业在市场上互为竞争对手，却依然可以通过建立合作关系来获得共同发展，谋求共同利益，通过合作过程中的信息交换来减少经营或财务风险，提高企业的竞争能力。企业集群通过三种途径提高企业的竞争力：一是产业集群的形成将对群外企业产生压力和影响，使群内企业具有竞争优势；二是产业集群产生的技术外溢将提高群内企业的创新能力，降低创新成本，提高生产效率；三是产业集群有利于新企业进入集群组织，集群规模不断扩大。

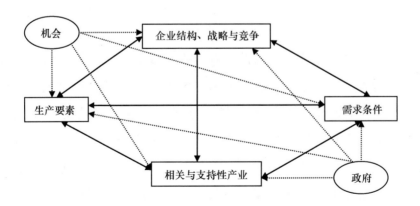

图 2—1 迈克尔·波特的"钻石模型"

迈克尔·波特通过对美国、英国、法国、日本等数十个国家的数据分析发现在国家的经济崛起的过程中都有相关产业集聚的产生。产业集聚促进了产业的发展，形成了优势产业，从而使国家获得了竞争优势。在波特提出的钻石模型中，需求条件、生产要素、相关与支持性产业、企业战略四大因素和机会、政府两大变量通过市场力量相互作用促进了产业集聚的形成。产业集聚形成后，通过连锁反应、自我强化持续发展。

四　交易费用理论

交易费用是指企业参与市场经济活动而产生的费用，例如，企业进行契约谈判、监督契约执行而产生的费用，为获取市场信息而支付的费用等。科斯从交易费用的角度解释了产业集群的形成。企业集聚在某一区域内，彼此距离的接近能缩短企业获取信息的时间，降低其获取信息的成本，同时降低信息不对称带来的交易风险。集聚区内企业间的长期交易将形成相对稳定的交易对象，交易的频率将得到提高，企业的交易费用也因此减少。

威廉姆森（Williamson）和斯科特（Scott）发展和完善了科斯提出的交易费用理论。威廉姆森指出在市场和企业这两种不同的组织形式之间还存在其他中间组织形式。何种组织形式更为有效取决于企业间交易的频率、交易的不确定性程度和资产专用性水平。如果三者均处于较低水平，最有效的组织形式是市场；如果三者均处于较高水平，最有效的组织形式是企业；如果三者均处于中间水平，产业集聚作为一种中间组织形式将比市场和企业更加有效。产业集聚体中的产业通过合理分工、相互协调合作能有效地降低交易费用和信息不对称带来的交易风险，从而提高交易效率。

斯科特将产业的交易成本分为外部交易成本和内部交易成本，认为企业在这两种交易成本之间的选择促进了产业集聚的形成。专业化分工和企业的垂直分离将使企业的外部经济活动增加，其相应的外部交易成本也随之上升。企业因此会选择集聚在同一区域，一方面可以通过降低获取信息的成本和续约成本来达到较低的外部交易成本；另一方面交易对象在距离上的接近也能使交易成本降低。企业的垂直分离促进了产业集聚的形成，反过来，产业集聚又将进一步使企业垂直分工的程度加剧，两者互相促进，共同发展。

五　新经济地理学理论

新经济地理学的代表人物克鲁格曼在研究产业集聚时提出了与传统经济增长理论完全不同的基本假设，即不完全竞争和规模报酬递增。他认为相互关联的企业在某一区域集聚所产生的规模经济将使企业的成本减少。因此，集聚的规模报酬不应是递减的，而应是递增的。另外，集聚区的企业彼此地理位置上的接近使其运输成本减少。集聚带来的成本节约将导致产业在空间上的进一步集聚，具有明显的叠加效应。企业和产业通常倾向于特定的空间集聚，不同的产业集聚倾向不同，具有路径依赖性。克鲁格曼认为产业集聚的核心内容是报酬递增、路径依赖和空间集聚。

克鲁格曼还借助垄断竞争分析框架、新贸易理论和新增长理论的收益递增思想，建立了"中心—外围"模型对产业集聚现象进行了解释，认为每种产品的生产只能在特定的一些区域中进行是由产品需求、运输成本、收益递增和规模经济共同作用的结果。

六　金融地理学理论

金融地理学是经济地理学的一个分支，国内外学者尚未对其研究内容进行统一的界定，其研究成果主要为一些相关的论文。金融地理学理论从信息流的角度研究金融资源的流动、金融集聚与金融中心的形成。尽管信息技术快速发展减弱了空间的作用，很多金融活动可以通过网络的方式来实现，金融机构仍然需要接近信息源才能降低信息搜寻的成本、减少信息不对称带来的交易风险。金融业属于"高增值"的信息服务业，信息是金融业发展的关键因素。金融信息中大部分的信息为"非标准化"信息，其含义大多模糊、不明确，需要了解信息产生的背景才能弄清其含义，这就要求金融机构必须要非常接近信息源。在信息化的今天，地理位置上的接近在金融业发展中显得更加重要。信息的非标准化和信息不对称促使金融机构集聚在某一区域，集聚又将产生信息外部性，大量的有价值的经济信息在集聚区内快速地、低成本地传播将使得集聚区的金融机构从中获益。

金融中心的形成与发展是金融地理学研究的问题之一。格里克（Gehrig）将市场摩擦理论应用到金融中心的研究中，指出不同的金融活动在地理上的集聚趋势存在差异，对信息敏感的金融活动集聚趋势更加明显。信息外部性以及不对称信息是塑造信息腹地和决定金融中心的重要因素。还有一些学者从"国际依赖性""路径依赖"的角度对金融中心的形成进行了研究。

第三章

金融集聚的测度

第一节　我国金融业集聚概况

本节将首先分析银行业、证券业、保险业三大行业的集聚概况，然后使用集中度、基尼系数来测度我国金融业整体的集聚水平与发展趋势。

一　银行业集聚概况

银行业金融机构网点个数、从业人数稳步增加，资产规模快速增长。2006 年全国银行业金融机构网点 19.3 万个，从业人员 250 万人，资产总额 41 万亿元。2014 年金融机构网点增加至 21.8 万个，从业人员增加至 372.2 万人，资产总额增加至 154.7 万亿元，机构网点数和从业人数分别比 2006 年增加了 13.0%、48.9%，而资产总额增加了 2.77 倍。

从金融机构的分布来看，东部地区银行业金融机构个数、从业人数和资产总额在全国占比最高，其次为西部、中部、东北部。从 2006 年至 2014 年的变化趋势来看，东部地区银行业金融机构个数占比和从业人数占比略有上升，分别从 39%、45% 提高至 41%、45.2%，资产总额占比则从 63% 下降至 58.4%。中部地区金融机构个数占比和从业人数占比由 25%、24% 下降至 22.7%、20.3%，资产总额占比由 14% 上升至 15.3%。西部地区银行业金融机构个数占比稳定在 27% 左右，从业人数占比和资产总额占比有较大幅度的提高，分别由 19%、15% 增加至 23.8%、19.3%。东北部地区银行业金融机构个数占比与资产总额占比变化不大，分别稳定在 9.5%、7%，从业人数占比有所下降，由 12% 下降至 10.7%。

表 3—1　　　　2014 年年末银行业金融机构地区分布　　单位:%

地区	东部	中部	西部	东北
机构个数占比	41.0	22.7	26.8	9.5
从业人数占比	45.2	20.3	23.8	10.7
资产总额占比	58.4	15.3	19.3	7.0

资料来源：表 3—1 中的数据来源于《2014 年中国区域金融运行报告》。

各地区金融机构营业网点不包括政策性银行、大型商业银行、股份制商业银行等金融机构总部数据。

表 3—2　　　　2006—2014 年银行业金融机构地区分布　　单位:%

年份 / 地区	东部	中部	西部	东北
2006	39.0	25.0	27.0	9.0
2007	39.0	24.0	27.0	10.0
2008	39.0	25.0	26.0	10.0
2009	39.0	25.0	27.0	9.0
2010	39.5	23.6	27.0	9.9
2011	39.0	24.0	27.3	9.7
2012	39.5	23.4	27.7	9.4
2013	39.5	23.7	27.2	9.6
2014	41.0	22.7	26.8	9.5

表3—3　　　　　　　2006—2014 年银行业从业人数地区分布　　　　单位:%

地区 年份	东部	中部	西部	东北
2006	45.0	24.0	19.0	12.0
2007	44.0	22.0	23.0	11.0
2008	44.0	22.0	22.0	12.0
2009	44.0	22.0	23.0	11.0
2010	44.0	21.0	23.9	11.1
2011	43.7	21.3	24.0	11.0
2012	44.3	21.1	24.1	10.6
2013	44.1	21.2	23.9	10.8
2014	45.2	20.3	23.8	10.7

表3—4　　　　　　　2006—2014 年银行业资产总额地区分布　　　　单位:%

地区 年份	东部	中部	西部	东北
2006	63.0	14.0	15.0	8.0
2007	64.0	14.0	15.0	7.0
2008	61.0	15.0	16.0	8.0
2009	61.0	15.0	17.0	7.0
2010	60.5	14.8	17.5	7.3
2011	60.2	14.6	17.9	7.2
2012	59.5	14.9	18.5	7.1
2013	58.9	15.1	19.1	6.9
2014	58.4	15.3	19.3	7.0

存、贷款余额快速增长,2006 年全国本外币存、贷款余额分别为 32.5 万亿元、22.9 万亿元,2014 年达到 114.3 万亿元、83.0 万亿元,分别增加了 2.52 倍、2.62 倍。从 2014 年存款余额的地区分布来看,东部地区本外币存款余额占全国一半以上,西部、中部、东北部存款余额占比依次递减。外币存款有 82.4% 来自东部地区,远远超过中、西、东北部外币存款占比之和,其主要原因是东部地

区经济具有较高的外向性。从贷款余额的地区分布来看，本外币贷款余额占比最高的依然为东部地区，占全国比重为56.8%，其次为西部、中部，东北部最低，仅占7.2%。

从2006年至2014年的变化趋势来看，西部和中部地区的存贷款余额增速高于全国平均水平，存贷款余额占比均呈上升趋势。西部上升幅度较大，存、贷款余额占比分别由16%、16%增加至19.5%、20.5%。中部上升幅度较小，存、贷款余额占比分别由15%、15%增加至16.4%、15.5%。东部与东北部地区存贷款余额增速低于全国平均水平，存贷款余额占比呈下降趋势。东部存、贷款余额占比分别由61%、61%下降至57.3%、56.8%，东北部存、贷款余额占比分别由8%、8%下降至6.8%、7.2%。

表3—5　　　2014年年末金融机构本外币存贷款余额地区分布　　　单位:%

地区 项目	东部	中部	西部	东北
本外币各项存款	57.3	16.4	19.5	6.8
其中：储蓄存款	51.2	19.6	20.7	8.5
单位存款	58.5	15.1	20.4	6.0
其中：外币存款	82.4	5.9	7.6	4.1
本外币各项贷款	56.8	15.5	20.5	7.2
其中：短期贷款	60.3	15.5	16.6	7.6
中长期贷款	53.1	16.0	23.8	7.1
其中：外币贷款	78.6	6.7	9.3	5.4

资料来源：各地区存贷款汇总数据不含全国性商业银行总行直存直贷数据。

表3—6　　　　2006—2014年本外币存款余额地区分布　　　单位:%

地区 年份	东部	中部	西部	东北
2006	61.0	15.0	16.0	8.0

续表

地区 年份	东部	中部	西部	东北
2007	61.2	15.0	16.3	7.5
2008	60.3	15.2	17.0	7.4
2009	60.2	15.1	17.4	7.3
2010	59.7	15.3	17.8	7.2
2011	59.1	15.6	18.3	7.0
2012	58.2	16.0	18.8	7.0
2013	57.6	16.2	19.2	7.0
2014	57.3	16.4	19.5	6.8

表3—7　　　　　2006—2014 年本外币贷款余额地区分布　　　单位:%

地区 年份	东部	中部	西部	东北
2006	61.0	15.0	16.0	8.0
2007	61.3	14.8	16.6	7.3
2008	61.3	14.4	17.1	7.2
2009	60.9	14.5	17.6	7.0
2010	60.2	14.6	18.1	7.0
2011	59.4	14.7	18.8	7.1
2012	58.6	14.9	19.4	7.1
2013	57.7	15.2	20.0	7.1
2014	56.8	15.5	20.5	7.2

表3—8　　　　　2006—2014 年人民币存款余额增速　　　单位:%

地区 年份	东部	中部	西部	东北	全国
2006	16.0	18.0	18.0	14.0	17.0
2007	15.1	14.9	16.0	10.0	15.0
2008	19.6	22.4	25.6	20.1	19.7
2009	28.0	27.2	31.4	25.3	28.2
2010	19.3	21.5	22.3	18.4	20.2
2011	12.0	16.1	16.5	11.3	13.5

续表

地区＼年份	东部	中部	西部	东北	全国
2012	12.6	17.6	18.2	14.8	13.3
2013	12.5	15.3	16.0	12.6	13.8
2014	8.0	10.2	10.7	7.3	9.1

表3—9　　　　2006—2014年人民币贷款余额增速　　　　单位:%

地区＼年份	东部	中部	西部	东北	全国
2006	16.0	14.0	16.0	12.0	15.0
2007	16.8	14.9	17.1	12.0	16.2
2008	15.7	12.3	18.8	11.7	18.8
2009	30.3	33.8	37.6	30.9	32.2
2010	19.0	21.2	23.1	19.3	19.9
2011	14.2	16.5	17.9	17.0	15.8
2012	12.5	16.5	17.8	14.4	15.0
2013	12.3	15.9	17.4	14.2	14.1
2014	12.2	15.8	17.1	14.5	13.6

二 证券业集聚概况

证券公司数量、上市公司数量、股票筹资额和债券筹资额快速增加。2014年末全国共有证券公司120家,总资产4.1万亿元。上市公司2613家,证券市场筹资额达7059.6亿元。从地区分布来看,东部地区的境内上市公司总数、国内股票筹资额（A股）、国内债券筹资额占全国比重最高,2014年分别为65.7%、64.0%、71.2%,其次为西部、中部地区,东北部所占比重最低。

从2006年至2014年的变化趋势来看,东部地区境内上市公司数占比、国内债券筹资额占比分别由56.5%、67.8%上升至65.7%、71.2%,国内A股筹资额占比呈下降趋势,由72.0%降至64.0%,H股筹资额占比由2006年的78.8%增至2013年的87.8%,但在2014

年突然下降至 29.0%。中部地区境内上市公司数占比、H 股筹资额
占比、国内债券筹资额占比均呈下降趋势，分别由 16.4%、21.2%、
19.0%下降至 14.3%、0.7%、10.7%，国内 A 股筹资额占比上升，
在 2013 年达到 14.9%，2014 年又回落至 12.5%。西部地区境内上市
公司数占比 19.2%降至 14.5%，国内 A 股筹资额占比、H 股筹资
额占比、国内债券筹资额均上升，分别由 4.8%、0.0%、10.5%上升
至 19.5%、6.6%、14.3%。东北部地区境内上市公司数占比、国内
A 股筹资额占比下降，分别由 7.9%、11.0%下降至 5.5%、4.0%，
H 股筹资额占比一直接近于 0.0%，但在 2014 年大幅增加至 63.8%，
国内债券筹资额由 2.7%上升至 3.8%。

表 3—10　　　　　　**2014 年年末各地区证券业分布**　　　　单位:%

地区	东部	中部	西部	东北
总部设在辖内的证券公司数	70.0	15.0	5.0	5.0
总部设在辖内的基金公司数	98.0	0.0	2.0	0.0
总部设在辖内的期货公司数	72.4	9.9	10.5	7.2
年末境内上市公司数	65.7	14.3	14.5	5.5
年末境外上市公司数	84.8	8.1	4.5	2.5
当年国内股票（A 股）筹资额	64.0	12.5	19.5	4.0
当年发行 H 股筹资额	29.0	0.7	6.6	63.8
当年国内债券筹资额	71.2	10.7	14.3	3.8
其中：短期融资券筹资额	71.3	8.9	15.2	4.5

表 3—11　　　　　　**2006—2014 年境内上市公司地区分布**　　　　单位:%

年份 地区	东部	中部	西部	东北
2006	56.5	16.4	19.2	7.9
2007	54.3	17.2	20.2	8.5
2008	58.6	15.9	18.3	7.2
2009	59.6	16.1	17.7	6.6

续表

地区 年份	东部	中部	西部	东北
2010	62.4	15.2	16.4	6.1
2011	64.0	15.2	15.2	5.6
2012	65.0	14.9	14.6	5.6
2013	65.1	14.7	14.7	5.5
2014	65.7	14.3	14.5	5.5

表 3—12　　　　　　　2006—2014 年国内 A 股筹资地区分布　　　　　　单位：%

地区 年份	东部	中部	西部	东北
2006	72.0	12.3	4.8	11.0
2007	81.2	5.5	8.5	4.8
2008	71.1	11.5	14.9	2.5
2009	75.4	11.6	12.3	0.7
2010	74.0	11.5	10.1	4.4
2011	66.5	13.8	13.0	6.7
2012	66.9	11.6	17.1	4.4
2013	57.3	14.9	24.7	3.1
2014	64.0	12.5	19.5	4.0

表 3—13　　　　　　　2006—2014 年当年发行 H 股筹资地区分布　　　　　　单位：%

地区 年份	东部	中部	西部	东北
2006	78.8	21.2	0.0	0.0
2007	86.9	8.1	4.7	0.3
2008	80.7	3.0	9.9	6.4
2009	73.1	5.1	20.9	0.9
2010	52.7	15.5	27.8	4.0
2011	86.3	2.6	11.1	0.0
2012	87.2	3.8	9.0	0.0
2013	87.8	9.1	3.1	0.0
2014	29.0	0.7	6.6	63.8

表 3—14　　　　　2006—2014 年国内债券筹资地区分布　　　　　单位:%

年份 ＼ 地区	东部	中部	西部	东北
2006	67.8	19.0	10.5	2.7
2007	81.0	11.3	5.9	1.8
2008	83.7	6.7	6.4	2.2
2009	79.9	9.4	6.5	4.2
2010	74.1	11.0	11.4	3.5
2011	75.7	11.1	9.7	3.5
2012	72.6	10.8	12.4	4.2
2013	70.3	13.3	12.8	3.7
2014	71.2	10.7	14.3	3.8

三　保险业集聚概况

保险法人公司、分支机构、保费收入快速增长。2014 年全国共有保险法人公司 178 家、分支机构 1585 家、保费收入 2 万亿元。从地区分布来看,2014 年总部设在东部的保险公司数量占 87.1%,集聚水平进一步提高。东部地区分支机构数占全国比重最高,达 44.6%,其次为西部,占 24.4%,中部和东北最低,分别占 19.8% 和 11.2%。保费收入也呈东部最高,依次向西部、中部、东北部递减的格局。

从 2006 年至 2014 年的变化趋势来看,东部地区保险法人公司数占比、分支机构数占比均呈上升趋势,分别由 82.5%、37.0% 上升至 87.1%、44.6%,保费收入增速低于全国平均水平,占全国比重有所降低,由 57.6% 下降至 54.4%。中部地区保险法人公司数占比和保费收入占比上升,分别由 1.8%、17.2% 增加至 3.4%、18.7%,但分支机构数占比持续下降,由 31.9% 下降至 19.8%。西部地区分支机构数占比、保费收入占比呈上升趋势,由 19.4%、16.3% 增加至 24.4%、19.0%,保险法人公司数占比持续下降,由 7.0% 下降至 5.6%。东北部地区保险法人公司数占比、分支机构数占比、保费收入占比均下降，分别由 8.8%、11.6%、8.9% 下降至 3.9%、11.2%、7.9%。

表 3—15　　　　　　　　2014 年年末各地区保险业分布　　　　　　单位:%

地区	东部	中部	西部	东北
总部设在辖内的保险公司数	87.1	3.4	5.6	3.9
其中:财产险经营主体	80.3	4.9	9.9	4.9
人身险经营主体	88.5	3.3	3.3	4.9
保险公司分支机构数	44.6	19.8	24.4	11.2
其中:财产险公司分支机构	42.8	19.5	27.0	10.7
人身险公司分支机构	45.6	20.3	22.4	11.7
保费收入	54.4	18.7	19.0	7.9
其中:财产险保费收入	54.6	17.3	21.2	6.9
人身险保费收入	54.3	19.4	17.8	8.5
各类赔款给付	57.9	17.0	18.0	7.1

表 3—16　　　　2006—2014 年总部设在辖内的保险公司地区分布　　　　单位:%

地区 / 年份	东部	中部	西部	东北
2006	82.5	1.8	7.0	8.8
2007	89.9	1.6	4.7	3.9
2008	81.2	3.8	7.5	7.5
2009	82.5	3.5	7.0	7.0
2010	85.4	3.1	6.3	5.2
2011	86.4	2.9	6.4	4.3
2012	86.9	3.3	5.2	4.6
2013	86.8	3.0	6.0	4.2
2014	87.1	3.4	5.6	3.9

表3—17　　　　　　2006—2014 年保险公司分支机构地区分布　　　　单位:%

年份＼地区	东部	中部	西部	东北
2006	37.0	31.9	19.4	11.6
2007	37.0	26.9	26.5	9.6
2008	30.5	29.1	29.4	11.0
2009	32.1	30.4	27.0	10.5
2010	49.4	18.2	24.0	8.4
2011	48.0	18.3	23.3	10.4
2012	46.5	18.7	23.8	10.9
2013	46.5	18.8	23.8	10.9
2014	44.6	19.8	24.4	11.2

表3—18　　　　　　　　2006—2014 年保费收入地区分布　　　　　单位:%

年份＼地区	东部	中部	西部	东北
2006	57.6	17.2	16.3	8.9
2007	57.4	17.3	17.0	8.3
2008	54.4	19.2	17.7	8.7
2009	54.5	19.1	18.1	8.3
2010	54.6	19.2	18.0	8.2
2011	53.9	19.8	18.8	7.5
2012	54.5	19.1	19.0	7.4
2013	54.4	18.8	19.4	7.4
2014	54.4	18.7	19.0	7.9

第二节　我国金融业集聚的测度

有关金融产业集聚程度测度的研究主要分为两类:一类是使用产业集聚的测度指标对金融集聚程度进行测算;另一类是构建多指标的指标体系来衡量金融集聚程度。

一 产业集聚的测度指标

自 19 世纪马歇尔开始关注产业集聚现象以来，经济学家和经济地理学家对产业集聚的研究推动产业集聚理论不断发展，与此同时，产业集聚的测度方法也不断完善。常用的产业集聚测度指标主要有产业地区集中度、赫芬达尔指数、哈莱—克依指数、熵指数、区位熵、空间基尼系数和 EG 指数。

1. 产业地区集中度（CR_n 指数）

产业地区集中度（简称产业集中度）指产业内规模处于前 n 位的地区的产值（或销售额、就业人数）占行业整体产值（或销售额、就业人数）的比重。

$$CR_n = \sum_{i=1}^{n} s_{ij} \qquad (3.1)$$

其中，s_{ij} 表示第 j 个地区的 i 产业的产值（或销售额、就业人数）占 i 产业整体产值（或销售额、就业人数）的比重。这一指标的基本思想来源于产业经济学中衡量市场结构的市场集中度指标。计算较为简单，是学者们经常使用的测度指标。但是，该指标只反映了产业中最大几个地区的总体份额，并未考虑区域规模对行业集中度的影响，在确定地区个数 n 时具有主观随意性。因此，该指标常用于不同产业集聚程度的比较分析。

2. 赫芬达尔指数（Hirschman-Herfindahl index，H 指数）

赫芬达尔指数由赫芬达尔（Herfindahl，1955）最早提出，该指数通过所有企业的市场份额的平方和来衡量产业集聚程度，计算公式如下：

$$H_i = \sum_{j=1}^{n} \left(s_{ij} \right)^2 \qquad (3.2)$$

H_i 表示 i 产业的赫芬达尔指数，s_{ij} 为 i 产业中 j 企业的市场份额。赫芬达尔指数的取值范围是 $[1/n, 1]$，当 n 家企业规模相同时，H_i 达到最小值 $1/n$，当市场由一家企业垄断时，H_i 达到最大值 1，H_i 越大，市场集中程度越高。该指数对规模较大企业市场份额的变化反应非常敏感，能反映市场结构的变化。其缺点是对数据要求较高，不能反映企业地理上的集中。因此，有些学者在使用该指数时，将其调整为地区产业份额的平方和，计算公式如下：

$$H_i = \sum_{j=1}^{n} \left(\frac{e_{ij}}{E_i} \right)^2 \qquad (3.3)$$

$$E_i = \sum_{j=1}^{n} e_{ij} \qquad (3.4)$$

e_{ij} 表示 j 地区 i 产业的产值（或销售额、就业人数），E_i 表示所有地区 i 产业的产值（或销售额、就业人数），n 表示地区数。该指数越大，说明产业越倾向于集中在某些地区。

3. 哈莱—克依指数（Hannah-Kay index，HK 指数）

哈莱和克依（Hannah & Kay）在赫芬达尔指数的基础上提出了哈莱—克依指数，其计算公式如下：

$$HK = \left(\sum_{j=1}^{m} s_{ij}^{\alpha} \right)^{\frac{1}{1-\alpha}} \quad (\alpha > 0，且 \alpha \neq 1) \qquad (3.5)$$

s_{ij} 为 i 产业中 j 企业的市场份额。可见，赫芬达尔指数是哈莱—克依指数在 $\alpha = 2$ 时的倒数。与赫芬达尔指数相反，哈莱—克依指数越大，产业集聚程度越低；指数越小，产业集聚程度越高。

4. 熵指数（Entropy index，E 指数）

熵指数借用了信息论中熵的概念，具有平均信息量的含义，其计算公式如下：

$$E = \sum_{j=1}^{n} \left[\ln \left(\frac{1}{s_j} \right) \right] \cdot s_j \qquad (3.6)$$

与赫芬达尔指数相反，熵指数对规模大的企业赋以较小的权重，对规模较小的企业赋以较大的权重。熵指数越大，表明产业集聚水平越低。特别地，在市场由一家企业垄断的情况下，熵指数为 0；当市场由规模相同的 n 家企业构成时，熵指数为 lnn。为了使指数取值介于 0 和 1 之间，马费尔斯（Marfels）对熵指数作了如下改进：

$$e^{-E} = \prod_{j=1}^{n} s_j^{s_i} \tag{3.7}$$

改进后的指数越大，产业集聚水平越高，在市场由一家企业垄断时，取值为 1；在市场由规模相同的 n 家企业构成时，取值约为 0。

5. 区位熵（Location Quotient，LQ）

区位熵最早由海格特（Haggett）于 1965 年提出，该指标主要用于衡量产业的空间区位分布和集中度。产业 i 的区位熵计算公式如下：

$$LQ_{ij} = \frac{E_{ij}/E_j}{E_i/E} \tag{3.8}$$

E_{ij} 表示 j 地区 i 产业的产值（或销售额、就业人数），E_j 表示 j 地区的总产值（或销售额、就业人数），E_i 表示所有地区 i 产业的产值（或销售额、就业人数），E 表示所有地区所有产业的总产值（或销售额、就业人数）。区位熵的临界值为 1，若等于 1，则表示 j 地区产业 i 的比重与全国平均水平相同；若小于 1，则表示 j 地区产业 i 的比重低于它的全国平均水平；若大于 1，则表示 j 地区产业 i 的比重高于它的全国平均水平，其值越大，表示地区产业集聚水平越高。

通过计算区位熵，可以对各个不同地区的产业集聚水平进行比较分析，而且相关统计数据较易获得，因此，区位熵为产业集聚测度的常用指标。该指标的缺点在于，它是一个相对指标，不能反映产业集聚的绝对规模，某些地区区位熵很高，但其产业规模却可能非常小。

6. 空间基尼系数（Gini 系数）

基尼系数是基尼（Gini，1909）提出的用于研究居民收入分配的统计指标，后来，新经济地理学家（Kim，Krugman，Amiti）在此基础上提出了产业基尼系数，用于衡量产业的空间分布和集聚程度。基尼系数可以根据洛伦兹曲线计算，也可按照如下公式计算：

$$GINI_i = \frac{2}{m\bar{C}} \left[\sum_{j=1}^{m} \lambda_j \left| C_j - \bar{C} \right| \right] \tag{3.9}$$

$$C_j = \frac{s_{ij}}{s_j}, \quad \bar{C} = \frac{1}{m} \sum_{j=1}^{m} C_j \tag{3.10}$$

s_{ij} 表示 j 地区 i 产业的产值占全国 i 产业总产值的比重，s_j 表示 j 地区产值占全国总产值的比重，λ_j 表示 j 地区在 C_j 降序排列中所处的位次。

基尼系数将产业的集中状况与整体经济活动的集中状况相比较，当前者超过后者时才认定存在产业集中现象，由此控制了区域规模对产业集中程度的影响。基尼系数的取值介于 0 和 1 之间，越接近于 1，产业集聚程度越高。基尼系数为 0 时，产业不存在集聚现象；基尼系数为 1 时，产业集中于一个地区。

7. EG 指数

艾里森和格勒泽尔（Ellison & Glaeser，1997）指出企业的定位决策与区域的自然环境和区域内存在的技术外溢有关，通过建立企业定位的概率模型，构造了 EG 指数 γ_{EG}，计算公式如下：

$$\gamma_{EG} = \frac{G_{EG} / (1 - \sum_j x_j^2) - H}{1 - H} \tag{3.11}$$

其中 x_j 表示 j 地区就业人数占全国总就业人数的比重，H 为赫芬达尔指数，G_{EG} 为原始集中指数，$G_{EG} = \sum_j (s_j - x_j)^2$，$s_j$ 表示该产业在 j 地区的就业份额。大量的实证研究表明，$\gamma_{EG} < 0.02$ 的产业为低集聚度产业；$0.02 \leqslant \gamma_{EG} \leqslant 0.05$ 的产业为中等集聚度产业；$\gamma_{EG} > 0.05$ 的产业为高集聚度产业。艾里森和格勒泽尔认为空间基尼系数忽略了产业规模和区域规模对指标的影响，基尼系数大于零并不一定代表产业集聚现象一定存在，而 γ_{EG} 指数克服了这一问题。

利用以上测度指标，经济学者对包括金融业在内的服务业集聚水平进行了测度。史密斯和弗洛里达（Smith & Florida，1994）[1] 利用 EG 指数对美国服务业的集聚水平和变化趋势进行了分析。我国学者阎小培（1997）[2]、李文秀（2008）[3] 也利用相关集聚测度指标对服务业的集聚程度和区域差异进行了实证分析。周天芸、李曦（2008）[4] 利用赫芬达尔指数反映了香港金融集聚的现状，并采用潘泽—罗斯模型分析了香港金融市场的竞争水平。张志元（2009）[5] 计算了省级区域的区位熵，并对金融业集聚的影响因素进行了计量分析。李林（2011）[6] 利用区位熵对银行业、证券业和保险业的集聚程度进行了测度，并通过建立 SLM，SEM 和 SDM 空间计量模型检验了金融集聚对区域经济增长的空间溢出效应。

二　我国金融业的集中度指数

下面将采用产业地区集中度和空间基尼系数来考察我国 2001—2012 年金融业集聚水平及变化趋势。在衡量金融发展的指标上，采用银行存款、贷款余额，这是因为我国的主要金融资产集中在银行，而存款、贷款又是银行最主要的资产。数据来源于各地区 2001—2013 年统计年鉴。

在 2001—2012 年，我国存、贷款余额快速增长，存款余额从

① D. F. Smith, R. Florida, "Agglomeration and Industrial Location: An Econometric Analysis of Japanese-affiliated Manufacturing Establishments in Automotive-Related Industries", Journal of Urban Economics, Vol. 36, No. 1, 1994.

② 阎小培、姚一民：《广州第三产业发展变化及空间分布特征分析》，《经济地理》1997 年第 2 期。

③ 李文秀、胡继明：《中国服务业集聚实证研究及国际比较》，《武汉大学学报》（哲学社会科学版）2008 年第 2 期。

④ 周天芸、李曦：《香港的金融机构集聚及其效应研究》，《当代港澳研究》2009 年第 1 期。

⑤ 张志元、季伟杰：《中国省域金融产业集聚影响因素的空间计量分析》，《广东金融学院学报》2009 年第 1 期。

⑥ 李林、丁艺、刘志华：《金融集聚对区域经济增长溢出作用的空间计量分析》，《金融研究》2011 年第 5 期。

2001 年的 143453.98 亿元提高到 2012 年的 915750.5 亿元，贷款余额则从 109438.63 亿元增至 643898.9 亿元。广东、北京、江苏、上海、浙江的存款、贷款余额始终居全国前五位，五省市存款、贷款余额百分比以及五省集中度如表 3—19、表 3—20 所示。存款余额五省集中度在 2001 年至 2003 年从 43.45% 持续上涨至 46.75%，2004 年回调到 44.97%，后反弹至 46.44%，2008 年、2009 年又小幅回落至 45.19%，2010 年回升至 45.52% 后持续下滑至 43.49%。贷款余额五省集中度在 2001 年至 2007 年从 38.25% 持续上涨至 44.23%，2008 年受全球金融危机的影响，回落至 43.99%，在国家宏观调控下，该指数在 2009 年、2010 年出现小幅波动，2011 年、2012 年持续下降至 41.98%。整体看来，存款、贷款余额五省集中度呈小幅波动趋势，但五省的存款、贷款余额占全国比重接近一半，这说明金融资源在市场机制作用下不断集中于东部地区，金融资源集聚特征明显。

表 3—19　存款余额占全国前五位的省市的百分比和五省集中度　　单位:%

年份	一	二	三	四	五	总计
2001	广东 13.54	北京 9.84	江苏 7.24	上海 6.68	浙江 6.15	43.45
2002	广东 13.22	北京 10.06	上海 8.10	江苏 7.31	浙江 6.86	45.55
2003	广东 13.99	北京 9.67	上海 8.18	江苏 7.64	浙江 7.28	46.76
2004	广东 13.23	北京 9.46	上海 7.62	江苏 7.56	浙江 7.10	44.97
2005	广东 13.30	北京 10.11	江苏 7.96	上海 7.75	浙江 7.37	46.49
2006	广东 13.04	北京 10.18	江苏 8.05	浙江 7.54	上海 7.51	46.32

续表

年份	一	二	三	四	五	总计
2007	广东 12.98	北京 9.99	江苏 8.31	浙江 7.69	上海 7.47	46.44
2008	广东 12.35	北京 9.68	江苏 8.38	浙江 7.81	上海 7.28	45.50
2009	广东 11.96	北京 9.78	江苏 8.59	浙江 7.74	上海 7.12	45.19
2010	广东 11.82	北京 9.60	江苏 8.73	浙江 7.85	上海 7.52	45.52
2011	广东 11.46	北京 9.38	江苏 8.28	浙江 7.62	上海 7.28	44.02
2012	广东 11.48	北京 9.26	江苏 8.53	浙江 7.28	上海 6.94	43.49

表3—20　　贷款余额占全国前五位的省市的百分比和五省集中度　　单位:%

年份	一	二	三	四	五	总计
2001	广东 11.96	北京 6.96	上海 6.57	山东 6.41	江苏 6.35	38.25
2002	广东 11.63	上海 8.07	北京 7.42	浙江 6.73	江苏 6.61	40.46
2003	广东 12.45	上海 8.15	浙江 7.68	北京 7.46	江苏 7.45	43.19
2004	广东 12.25	浙江 8.36	江苏 7.95	北京 7.57	上海 7.51	43.64
2005	广东 11.73	浙江 8.64	江苏 8.21	北京 7.74	上海 7.47	43.79
2006	广东 11.34	浙江 9.08	江苏 8.48	北京 7.96	上海 6.98	43.84
2007	广东 11.60	浙江 9.45	江苏 8.82	北京 7.53	上海 6.83	44.23

年份	一	二	三	四	五	总计
2008	广东 11.12	浙江 9.74	江苏 8.90	北京 7.56	上海 6.67	43.99
2009	广东 11.05	浙江 9.74	江苏 9.15	北京 7.71	上海 6.48	44.13
2010	广东 10.50	浙江 9.52	江苏 8.96	北京 7.40	上海 6.93	43.31
2011	广东 10.49	浙江 9.52	江苏 8.78	北京 7.10	山东 6.67	42.56
2012	广东 10.42	浙江 9.24	江苏 8.95	北京 6.71	山东 6.66	41.98

三 我国金融业的区位基尼系数

五省集中度表示金融资源所占比重最大的几个地区的总体份额，从某种程度上反映了金融业的集聚程度，但该指标没有考虑到区域规模的影响。因此，我们将进一步计算区位基尼系数来反映金融业整体集聚水平与趋势。关于基尼系数的计算，一般有直接计算法、面积法以及拟合曲线法，本书采用面积法中的下梯形算法来计算区位基尼系数。令

$$P_j = p_j/p, \quad Q_j = q_j/q, \quad j = 1, 2, \cdots, n \qquad (3.12)$$

其中 p_j 表示 j 地区的金融业存贷款余额，$p = \sum_{j=1}^{n} p_j$ 表示全国存贷款余额；q_j 表示 j 地区的地区生产总值，$q = \sum_{j=1}^{n} q_j$ 表示全国生产总值。按 P_j 从小到大进行排序后计算累计百分比

$$M_k = \sum_{j=1}^{k} P_j, \quad L_k = \sum_{j=1}^{k} Q_j, \qquad (3.13)$$

$$M_0 = L_0 = 0, \quad M_n = L_n = 1 \qquad (3.14)$$

以 M_k 为横轴，L_k 为纵轴，得洛伦兹曲线如图 3—1 所示。

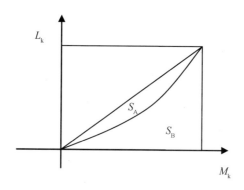

图 3—1 洛伦兹曲线

记洛伦兹曲线与正方形对角线围成的面积为 S_A，下三角的另一部分为 S_B，则基尼系数 $G = \dfrac{S_A}{S_A + S_B} = 2S_A$。采用下梯形算法来计算面积，可以得到

$$G = \sum_{k=0}^{n-1} (M_k Q_{k+1} - M_{k+1} Q_k) \qquad (3.15)$$

需要说明的是，下梯形算法为近似算法，在计算累计百分比 M_k、L_k 时，按照 P_j 从小到大排序往往会出现洛伦兹曲线围绕 45 度线跳动的情况，这就导致下梯形算法计算的面积有较大误差。针对这一问题，本书对排序方法进行了改进，考虑到洛伦兹曲线是下凸函数，一阶导数为增函数，这表示 L_k 越大，切线的斜率越大，因此，在排序时可按照 P_k/Q_k 从小到大排序，然后计算相应的累计百分比 M_k、L_k。表 3—21 列举了按照两种不同排序方法计算的基尼系数 G_1、G_2。

表 3—21 两种不同排序方法计算的基尼系数

年份	G_1	G_2
2001	0.0578	0.1530

年份	G_1	G_2
2002	0.0838	0.1650
2003	0.0950	0.1704
2004	0.0804	0.1650
2005	0.0876	0.1810
2006	0.0844	0.1762
2007	0.0878	0.1788
2008	0.0936	0.1874
2009	0.0926	0.1948
2010	0.0924	0.1945
2011	0.0925	0.1946
2012	0.0924	0.1947

从计算结果看，按 P_j 从小到大排序计算的基尼系数 G_1 由于误差较大，其值要明显小于改进排序方法后计算得到的基尼系数 G_2，但两者的变化趋势基本相同。2001 年至 2003 年 G_1、G_2 持续上涨，在 2004 年有所下降。这主要是因为受国家信贷宏观调控的影响，大部分省份贷款增速回落，东部地区回落幅度大于中西部地区。2005 年至 2012 年 G_1、G_2 呈震荡上涨趋势，在 2009 年达到最大值 0.0926 和 0.1948。总体说来，基尼系数呈小幅波动上升趋势，该指标从另一角度反映了我国金融业集聚程度不断提高的变化趋势。

第三节　区域金融集聚的区位熵

从以上的分析中可见，我国金融发展表现出较强的地区差异性，金融资源在市场机制的作用下不断集聚于东部地区，金融集聚现象突出。为进一步反映省级区域的金融发展的差异，下面将采用区位熵指标来衡量区域金融集聚水平。

一 省级区域金融业的区位熵

产业 i 的区位熵计算公式如下：

$$LQ_{ij} = \frac{E_{ij}/E_j}{E_i/E} \tag{3.16}$$

E_{ij} 表示 j 地区 i 产业的产值（或销售额、就业人数），E_j 表示 j 地区的总产值（或销售额、就业人数），E_i 表示所有地区 i 产业的产值（或销售额、就业人数），E 表示所有地区所有产业的总产值（或销售额、就业人数）。采用不同的指标将会得到不同的结果。这里我们采用金融业增加值计算金融业区位熵：

$$LQ_j = \frac{E_j/G_j}{E/G} \tag{3.17}$$

其中，E_j 表示 j 地区金融业的增加值，G_j 表示 j 地区的生产总值，E 表示全国金融业的增加值，G 表示全国生产总值。

表 3—22　　　　2006—2012 年省级区域金融业区位熵

年份\区域	2006	2007	2008	2009	2010	2011	2012
北 京	3.54	3.21	3.27	2.68	2.67	2.74	2.68
天 津	1.22	1.33	1.30	1.25	1.26	1.35	1.47
河 北	0.69	0.60	0.60	0.62	0.61	0.61	0.65
山 西	0.83	0.65	0.63	1.00	0.99	0.93	0.99
内蒙古	0.52	0.53	0.49	0.61	0.60	0.63	0.60
辽 宁	0.77	0.63	0.59	0.75	0.70	0.68	0.74
吉 林	0.67	0.56	0.53	0.50	0.44	0.40	0.39
黑龙江	0.31	0.45	0.43	0.54	0.56	0.59	0.67
上 海	2.27	2.32	2.42	2.44	2.30	2.39	2.30
江 苏	0.96	1.09	1.12	0.94	1.03	1.07	1.10
浙 江	1.54	1.40	1.50	1.68	1.70	1.70	1.51
安 徽	0.61	0.49	0.47	0.73	0.65	0.66	0.68

年份 区域	2006	2007	2008	2009	2010	2011	2012
福　建	0.86	0.92	1.00	1.02	1.05	0.99	0.98
江　西	0.47	0.36	0.35	0.44	0.52	0.61	0.60
山　东	0.75	0.76	0.75	0.63	0.70	0.73	0.73
河　南	0.50	0.47	0.43	0.52	0.61	0.65	0.65
湖　北	0.66	0.85	0.80	0.75	0.71	0.69	0.74
湖　南	0.70	0.54	0.51	0.63	0.58	0.51	0.50
广　东	1.02	1.35	1.36	1.18	1.17	1.10	1.05
广　西	0.65	0.59	0.58	0.88	0.81	0.76	0.83
海　南	0.37	0.43	0.42	0.81	0.77	0.84	0.87
重　庆	0.87	0.69	0.91	1.21	1.27	1.42	1.52
四　川	0.99	0.80	0.84	0.75	0.77	0.83	1.03
贵　州	1.04	0.94	0.90	1.01	1.02	1.05	1.01
云　南	1.03	0.83	0.88	1.16	1.05	1.03	0.99
西　藏	0.42	0.42	0.43	1.07	1.08	1.05	0.86
陕　西	0.72	0.75	0.70	0.84	0.77	0.69	0.72
甘　肃	0.63	0.53	0.52	0.53	0.49	0.58	0.62
青　海	1.01	0.77	0.73	0.86	0.82	0.75	0.84
宁　夏	1.44	1.26	1.20	1.13	1.17	1.28	1.35
新　疆	0.93	0.99	0.91	0.95	0.84	0.88	0.91

区位熵的临界值为 1，等于 1 则表示金融业的比重与全国平均水平相同；若小于 1，则表示地区金融业的比重低于它的全国平均水平；若大于 1，则表示地区金融业的比重高于它的全国平均水平。其值越大，表示地区金融业集聚水平越高。从 2012 年各个地区的金融业区位熵来看，北京、上海居前两位，区位熵分别为 2.68、2.30。湖南、吉林居最后两位，金融业区位熵分别为 0.50、0.39。居首位的北京其金融业区位熵是居末尾吉林的金融业区位熵的 6.87 倍，由此可见，省级区域金融集聚水平具有较大的差异。

从四大经济地带来看，2012 年东部金融业区位熵整体较高，前五席中东部地区占据四席，大部分地区金融业区位熵超过1，但河北、山东、海南为东部金融业区位熵较低的地区，分别为0.65、0.73、0.87。中部六省金融业区位熵均小于1，居前列的为山西、湖北，分别为0.99、0.74，居后两位的为江西、湖南，分别为0.60、0.50。西部地区金融业区位熵差异较大，重庆、宁夏最高，分别为1.52、1.35，甘肃、内蒙古最低，分别为0.62、0.60。东北三省中辽宁金融业区位熵为0.74最高，黑龙江为0.67次之，吉林为0.39最低。

从2006年至2012年金融业区位熵的变化趋势来看，东部金融业区位熵呈上升趋势的有天津、江苏、海南，其中海南上升幅度最大，由2006年的0.37增加至2012年的0.87。先升后降的有上海、浙江、福建。表现比较稳定的有广东、山东、河北。北京虽然金融业区位熵居首位，但其变化呈下降趋势。中部六省金融业区位熵除湖北表现为先升后降趋势外，其余五省均为上升趋势，但上升幅度都不大。西部金融业区位熵呈上升趋势的有重庆、四川、广西、西藏和内蒙古，其中西藏上升幅度最大，由2006年的0.42增加至2012年的0.86。宁夏、青海和甘肃呈下降趋势，其余西部地区表现较为稳定。东北三省黑龙江金融业区位熵呈上升趋势、吉林呈下降趋势，辽宁较为稳定。

二 省级区域银行业的区位熵

银行业区位熵的计算公式为：

$$LQ_{bank_{j1}} = \frac{S_j/G_j}{S/G}, \quad LQ_{bank_{j2}} = \frac{S_j/P_j}{S/P} \tag{3.18}$$

$$LQ_{bank_j} = w_1 LQ_{bank_{j1}} + w_2 LQ_{bank_{j2}}$$

其中，S_j 表示 j 地区存贷款余额，S 表示全国存贷款余额，G_j 表示 j 地区的生产总值，G 表示全国生产总值，P_j 表示地区人口总数，P 表示全国人口总数，w_1、w_2 为权重，此处均取为 0.5。

表 3—23　　　　　　2006—2012 年省级区域银行业区位熵

年份 区域	2006	2007	2008	2009	2010	2011	2012
北 京	5.15	4.89	4.79	4.69	4.26	4.16	4.43
天 津	1.90	1.97	1.90	1.98	1.90	1.79	1.93
河 北	0.69	0.69	0.70	0.72	0.70	0.71	0.78
山 西	1.04	1.04	1.06	1.05	1.00	0.99	1.11
内蒙古	0.66	0.67	0.69	0.68	0.70	0.72	0.80
辽 宁	1.12	1.11	1.10	1.07	1.06	1.07	1.17
吉 林	0.82	0.75	0.74	0.73	0.70	0.69	0.75
黑龙江	0.70	0.63	0.61	0.61	0.65	0.65	0.72
上 海	3.22	3.32	3.21	3.03	3.01	2.96	3.16
江 苏	1.13	1.17	1.19	1.21	1.18	1.17	1.33
浙 江	1.64	1.67	1.73	1.75	1.71	1.71	1.84
安 徽	0.64	0.66	0.67	0.67	0.67	0.70	0.78
福 建	0.91	0.95	0.95	0.92	0.95	0.97	1.09
江 西	0.62	0.62	0.63	0.62	0.63	0.65	0.72
山 东	0.77	0.77	0.77	0.78	0.76	0.79	0.88
河 南	0.58	0.56	0.54	0.54	0.54	0.55	0.61
湖 北	0.77	0.77	0.76	0.77	0.76	0.74	0.81
湖 南	0.59	0.60	0.59	0.58	0.56	0.57	0.62
广 东	1.39	1.38	1.33	1.29	1.23	1.25	1.38
广 西	0.58	0.58	0.58	0.64	0.64	0.65	0.71
海 南	0.90	0.91	0.93	0.97	1.03	1.02	1.11
重 庆	1.00	1.03	1.05	1.03	1.04	1.06	0.87
四 川	0.88	0.72	0.79	0.82	1.04	0.88	0.96
贵 州	0.73	0.74	0.74	0.70	0.73	0.75	0.80
云 南	0.84	0.87	0.86	0.89	0.90	0.90	0.94

续表

区域 \ 年份	2006	2007	2008	2009	2010	2011	2012
西 藏	0.84	0.85	0.88	0.82	0.87	0.99	1.18
陕 西	0.92	0.92	0.93	0.90	0.88	0.89	0.98
甘 肃	0.74	0.74	0.76	0.78	0.77	0.82	0.92
青 海	0.87	0.91	0.92	0.93	0.97	1.02	1.20
宁 夏	1.02	1.01	1.01	0.97	0.98	0.99	1.09
新 疆	0.80	0.80	0.76	0.80	0.83	0.88	0.99

从 2012 年各个地区的银行业区位熵来看，居前两位的仍然为北京、上海，两者的银行业区位熵均超过了 3。广西、湖南、河南居后三位，银行业区位熵分别为 0.71、0.62、0.61。居首位的北京其银行业区位熵是位于末尾河南的银行业区位熵的 7.26 倍，由此可见，省级区域银行业集聚水平也存在较大的差异。

从四大经济地带来看，2012 年东部银行业区位熵整体较高，北京、上海、天津、浙江、广东和江苏占据前六位，银行业区位熵均超过 1.25，但山东、河北为东部银行业区位熵较低的地区，分别为 0.88、0.78。中部六省银行业区位熵位于前列的为山西、湖北，其次为安徽、江西，最后是湖南、河南。西部银行业区位熵青海、西藏最高，分别为 1.20、1.18，贵州、内蒙古、广西最低，分别为 0.80、0.80、0.71。东北三省中辽宁银行业区位熵为 1.17 最高，吉林为 0.75 次之，黑龙江为 0.72 最低。

从 2006 年至 2012 年银行业区位熵的变化趋势来看，东部福建、浙江、江苏、山东、河北、海南银行业区位熵均呈上升趋势，其中海南上升幅度最大，由 2006 年的 0.90 增加至 2012 年的 1.11。广东、天津银行业区位熵较为稳定，北京表现为下降趋势，上海银行业区位熵小幅波动。中部六省银行业区位熵均表现为上升趋势，除安徽、江西外其余地区的上升幅度较小。西部重庆银行业区位熵由 2006 年的 1.00 下降至 2012 年的 0.87，其余地区均表现为上升趋势，其中西藏上升幅度最大，由 2006 年的 0.84 增加至 2012 年的 1.18。东北三省银行业区位熵变化不大。

三 省级区域证券业的区位熵

证券业区位熵的计算公式为：

$$LQ_{stock_{j1}} = \frac{C_j/G_j}{C/G}, \quad LQ_{stock_{j2}} = \frac{C_j/P_j}{C/P}$$

$$LQ_{bank_j} = w_1 LQ_{bank_{j1}} + w_2 LQ_{bank_{j2}}$$

（3.19）

其中，C_j 表示 j 地区股票市价总值，C 表示全国股票市价总值。C_j 表示 j 地区的生产总值，G 表示全国生产总值，P_j 表示地区人口总数，P 表示全国人口总数，w_1、w_2 为权重，此处均取为 0.5。

表 3—24　　　　　2006—2012 年省级区域证券业区位熵

年份 区域	2006	2007	2008	2009	2010	2011	2012
北　京	9.46	9.38	16.40	13.57	12.00	13.68	13.50
天　津	0.75	0.81	0.73	0.64	0.63	0.48	0.48
河　北	0.27	0.23	0.19	0.23	0.25	0.28	0.29
山　西	0.54	1.45	0.77	1.04	1.00	0.87	0.83
内蒙古	0.64	0.55	0.24	0.31	0.45	0.41	0.42
辽　宁	0.55	0.66	0.36	0.39	0.36	0.32	0.28
吉　林	0.49	0.49	0.79	0.45	0.39	0.47	0.39
黑龙江	0.43	0.35	0.29	0.23	0.30	0.24	0.26
上　海	3.51	3.51	2.44	2.49	2.09	2.16	2.36
江　苏	0.46	0.37	0.26	0.33	0.46	0.48	0.47
浙　江	0.41	0.39	0.33	0.44	0.73	0.69	0.72
安　徽	0.78	0.78	0.50	0.60	0.64	0.59	0.63
福　建	0.27	0.24	0.42	0.63	0.66	0.65	0.68
江　西	0.54	0.49	0.27	0.37	0.57	0.42	0.35
山　东	0.54	0.49	0.27	0.33	0.42	0.42	0.40

续表

年份 区域	2006	2007	2008	2009	2010	2011	2012
河　南	0.28	0.25	0.09	0.17	0.28	0.28	0.30
湖　北	0.65	0.60	0.36	0.45	0.47	0.41	0.41
湖　南	0.43	0.40	0.27	0.34	0.46	0.45	0.42
广　东	1.10	1.09	0.74	0.97	1.04	0.95	1.08
广　西	0.31	0.26	0.15	0.21	0.23	0.22	0.22
海　南	1.53	1.63	0.69	0.87	1.08	1.04	1.13
重　庆	0.39	0.44	0.27	0.37	0.49	0.43	0.43
四　川	0.71	0.79	0.50	0.53	0.64	0.60	0.55
贵　州	0.96	1.16	0.91	0.87	0.99	1.09	1.04
云　南	0.45	0.55	0.44	0.54	0.57	0.44	0.43
西　藏	1.00	1.11	0.45	1.09	2.33	1.92	1.82
陕　西	0.29	0.30	0.29	0.32	0.45	0.46	0.33
甘　肃	0.50	0.46	0.32	0.50	0.47	0.44	0.48
青　海	1.36	1.23	3.36	2.09	2.27	1.39	1.17
宁　夏	0.61	0.44	0.32	0.38	0.47	0.39	0.36
新　疆	0.59	0.76	0.77	0.91	1.00	0.72	0.75

从 2012 年各个地区的证券业区位熵来看，居前两位的仍然为北京、上海，证券业区位熵分别为 13.50、2.36。辽宁、黑龙江、广西居后三位，证券业区位熵分别为 0.28、0.26、0.22。居首位的北京其证券业区位熵是位于末尾广西的证券业区位熵的 61.36 倍，由此可见，省级区域证券业集聚水平的差异要大于银行业。

从四大经济地带来看，前六席东部地区占据四席，分别为北京、上海、广东、海南，但河北、山东为东部证券业区位熵较低的地区，分别为 0.29、0.40。中部六省证券业区位熵居前列的为山西、安徽，其次为湖南、湖北，最后是江西、河南。西部地区证券业区位熵西藏、青海最高，分别为 1.82、1.17，宁夏、陕西、广西最低，分别为 0.36、0.33、0.22。东北三省中吉林证券业区位熵为 0.39 最高，辽宁为 0.28 次之，黑龙江为 0.26 最低。

从 2006 年至 2012 年证券业区位熵的变化趋势来看，东部北京、福建、浙江、江苏证券业区位熵均呈上升趋势，其中福建、北京、浙江上升幅度较大，江苏上升幅度较小。上海、海南、天津、山东呈下降趋势，广东、河北证券业区位熵较为稳定。中部六省山西、河南证券业区位熵呈上升趋势，山西上升幅度较大，河南上升幅度较小。其余地区证券业区位熵表现为下降趋势，下降幅度较大的为湖北、江西，分别由 2006 年的 0.65、0.54 下降至 2012 年的 0.41、0.35。西部西藏、贵州、新疆、重庆、陕西证券业区位熵呈上升趋势，上升幅度最大的为西藏、新疆。其余地区呈下降趋势，下降幅度最大的为内蒙古、宁夏。东北三省证券业区位熵均下降，下降幅度最大的为辽宁，由 2006 年的 0.55 下降至 2012 年的 0.28。

四　省级区域保险业的区位熵

保险业区位熵的计算公式为：

$$LQ_{insure_{j1}} = \frac{I_j/G_j}{I/G}, \quad LQ_{insure_{j2}} = \frac{I_j/P_j}{I/P} \tag{3.20}$$

$$LQ_{insure_j} = w_1 LQ_{insure_{j1}} + w_2 LQ_{insure_{j2}}$$

其中，I_j 表示 j 地区保费收入，I 表示全国保费收入，G_j 表示 j 地区的生产总值，G 表示全国生产总值，P_j 表示地区人口总数，P 表示全国人口总数，w_1、w_2 为权重，此处均取为 0.5。

表 3—25　　　　　2006—2012 年省级区域保险业区位熵

年份 区域	2006	2007	2008	2009	2010	2011	2012
北　京	4.03	3.87	3.26	3.52	3.35	2.82	2.92
天　津	1.60	1.84	1.47	1.13	1.13	1.07	1.08

续表

年份 区域	2006	2007	2008	2009	2010	2011	2012
河 北	0.86	0.92	0.96	1.15	1.05	1.02	1.00
山 西	1.08	1.11	1.14	1.22	1.09	1.07	1.06
内蒙古	1.26	0.69	0.69	0.75	0.69	0.72	0.73
辽 宁	1.24	1.21	1.22	0.90	1.15	0.99	0.99
吉 林	0.81	0.83	0.80	0.87	0.83	0.76	0.73
黑龙江	0.98	0.81	0.95	1.03	0.93	0.85	0.86
上 海	3.15	2.95	2.62	2.68	2.59	2.21	2.27
江 苏	1.22	1.13	1.10	1.20	1.12	1.15	1.17
浙 江	1.28	1.26	1.19	1.06	1.18	1.25	1.32
安 徽	0.85	0.84	0.88	0.99	0.89	0.85	0.82
福 建	1.02	1.02	0.99	0.86	0.80	0.99	1.01
江 西	0.68	0.65	0.70	0.69	0.68	0.65	0.66
山 东	0.85	0.88	0.84	0.80	0.77	0.92	0.93
河 南	0.72	0.74	0.84	0.89	0.92	0.99	0.92
湖 北	0.75	0.73	0.84	0.91	0.89	0.96	0.85
湖 南	0.66	0.72	0.80	0.81	0.73	0.72	0.70
广 东	1.20	1.29	1.29	1.03	1.24	1.24	1.25
广 西	0.53	0.52	0.50	0.53	0.50	0.54	0.56
海 南	0.58	0.61	0.58	0.59	0.61	0.67	0.69
重 庆	0.92	1.00	1.13	1.20	1.14	1.07	1.03
四 川	0.90	1.01	1.07	1.16	1.13	1.13	1.09
贵 州	0.59	0.57	0.55	0.60	0.57	0.60	0.60
云 南	0.72	0.69	0.73	0.76	0.74	0.74	0.75
西 藏	0.21	0.24	0.21	0.24	0.23	0.35	0.39
陕 西	0.88	0.92	0.93	1.00	0.92	0.93	0.90
甘 肃	0.76	0.77	0.77	0.87	0.81	0.77	0.80
青 海	0.46	0.45	0.42	0.50	0.51	0.54	0.57
宁 夏	0.91	0.89	0.83	0.91	0.87	0.88	0.93
新 疆	1.04	1.06	1.09	1.10	0.95	0.99	1.05

从 2012 年各个地区的保险业区位熵来看，居前两位的仍然为北京、上海，保险业区位熵分别为 2.92、2.27。青海、广西、西藏居后三位，保险业区位熵分别为 0.57、0.56、0.39。居首位的北京其保险业区位熵是位于末尾西藏的保险业区位熵的 7.49 倍，由此可见，省级区域保险业集聚水平具有较大的差异。

从四大经济地带来看，2012 年东部保险业区位熵整体较高，北京、上海、浙江、广东和江苏占据前五位，但山东、海南为东部保险业区位熵较低的地区，分别为 0.93、0.69。中部六省保险业区位熵位于前列的为山西、河南，其次为湖北、安徽，最后是湖南、江西。西部地区保险业区位熵四川、新疆、重庆最高，分别为 1.09、1.05、1.03，广西、西藏最低，分别为 0.56、0.39。东北三省中辽宁保险业区位熵为 0.99 最高，黑龙江为 0.86 次之，吉林为 0.73 最低。

从 2006 年至 2012 年保险业区位熵的变化趋势来看，东部浙江、广东、山东、河北、海南保险业区位熵均呈上升趋势，上升幅度均不大。北京、上海、江苏、天津、福建保险业区位熵为下降趋势，北京与上海下降幅度较大，分别由 2006 年的 4.03、3.15 下降至 2012 年的 2.92、2.27。中部六省保险业区位熵表现为上升趋势有河南、湖北、四川，其中河南、四川上升幅度较大，分别由 2006 年的 0.72、0.90 上升至 2012 年的 0.92、1.09。安徽、江西保险业区位熵较为稳定，湖南保险业区位熵先升后降。西部内蒙古保险业区位熵由 2006 年的 1.26 下降至 2012 年的 0.73，其余地区均表现为上升趋势，其中西藏上升幅度最大，由 2006 年的 0.21 增加至 2012 年的 0.39，但仍属较低水平。东北三省保险业区位熵均呈下降趋势，辽宁保险业区位熵最高，下降幅度也最大，由 2006 年的 1.24 降至 2012 年的 0.99，但仍高于黑龙江和吉林。

第四节　区域金融集聚综合评价

第二节使用了五省集中度、基尼系数和区位熵对我国金融业集聚状况进行了测度。本节将进一步通过建立金融集聚评价指标体系来衡量各个省级区域的金融集聚水平。

一　金融集聚评价指标体系的构建

金融集聚是一个涉及金融资源、金融市场、金融机构等多个方面的复杂系统，想要科学准确地评价其集聚水平，克服单一指标的片面性，必须建立相应的评价指标体系，并采用合适的综合评价方法，才能全面准确地对金融集聚水平作出定量描述。基于金融集聚的科学内涵并遵循指标体系构建的科学性、代表性、可行性和综合性原则，本书构建了如下指标体系：目标层为金融集聚水平；准则层包括金融规模、金融机构和金融效率；金融规模指标包括金融机构存款余额、金融机构贷款余额、国内股票及债券筹资总额、保费收入；金融机构指标包括单位面积上银行类金融机构总数、总部设在辖区内的证券、基金、期货公司总数、总部设在辖区内的保险公司总数、外资金融机构数占比、金融业从业人数；金融效率指标包括金融相关比、融资量占全国融资总量比例、资金配资效率、净资产盈利率、不良贷款率。在进行实证分析时，我们将结合经济数据的可得性和可量化性，以有效性和科学性为原则对指标进行简化。简化后的指标体系包括如下二级指标：金融机构存款余额，金融机构贷款余额，股票（A股、H股）及债券筹资总额，保费收入，单位面积上银行类金融机构总数，总部设在辖区内的证券、基金、期货公司总数，总部设在辖区内的保险公司总数，金融业从业率，金融相关比，融资量占全国融资总量比例。金融集聚评价程度指标体系如表 3—26 所示。

表 3—26　　　　　　　区域金融集聚水平评价指标体系

目标层	一级指标	二级指标	变量
金融集聚水平	金融规模	金融机构存款余额	X_{11}
		金融机构贷款余额	X_{12}
		股票（A 股、H 股）及债券筹资总额	X_{13}
		保费收入	X_{14}
	金融机构	单位面积上银行类金融机构总数	X_{21}
		总部设在辖区内的证券、基金、期货公司总数	X_{22}
		总部设在辖区内的保险公司总数	X_{23}
		外资金融机构数占比	X_{24}
		金融业从业人数	X_{25}
	金融效率	金融相关比	X_{31}
		融资量占全国融资总量比例	X_{32}
		资金配资效率	X_{33}
		净资产盈利率	X_{34}
		不良贷款率	X_{35}

二　数据来源及统计描述

本书所引用的数据主要源于 2006—2013 年《中国统计年鉴》和《中国区域金融运行报告》，包括 31 个省、自治区、直辖市的各项指标数据，每个指标共 217 个观测值。为消除价格波动的影响，对金融机构存款余额、金融机构贷款余额、国内股票（A 股、H 股）及债券筹资总额、保费收入这四组指标数据按照 2006 年不变价进行平减处理。数据的基本描述统计量如表 3—27 所示，从描述统计量可以看出省级区域差异较为明显。

表 3—27 变量描述性统计

变量名称	最小值	最大值	中位数	均值	标准差
金融机构存款余额（亿元）	545.70	77932.37	10916.07	15928.65	15146.55
金融机构贷款余额（亿元）	189.07	49738.32	7679.24	11050.30	10247.32
国内股票（A股、H股）及债券筹资总额（亿元）	0	13105.44	209.21	571.74	1476.07
保费收入（亿元）	1.95	1296.60	206.14	292.96	252.20
单位面积上银行类金融机构总数（个/万平方公里）	4.79	5652.38	376.35	648.85	957.17
总部设在辖区内的证券、基金、期货公司总数（个）	0	87	6	10.96	17.31
总部设在辖区内的保险公司总数（个）	0	50	1	3.26	8.89
金融业从业人数（万人）	0.64	47.59	12.16	14.41	9.52
金融相关比（%）	1.03	7.30	2.48	2.60	1.01
融资量占比（%）	0.0003	0.1485	0.0235	0.0322	0.0297

三 研究方法

关于金融集聚综合评价的相关研究对指标进行赋权时常带有主观性，在实证分析时也多为静态的、横向的比较，动态综合评价较少。因此，本书将利用纵横向拉开档次法对 31 个省级区域的金融集聚程度进行实证研究。

纵横向拉开档次法是基于时序立体数据的多指标动态综合评价法。对 n 个评价对象，m 个评价指标，按时间顺序 t_1，t_2，$\cdots$，t_N 获

得的原始数据为 $x_{ij}(t_k)$ 构成如表3—28所示的时序立体数据表。[①]

表3—28   **时序立体数据**

	t_1			t_2			$\cdots$	t_N		
	x_1	$x_2 \cdots$	x_m	x_1	$x_2 \cdots$	x_m	$\cdots$	x_1	$x_2 \cdots$	x_m
s_1	$x_{11}(t_1)$	$x_{12}(t_1)$	$\cdots x_{1m}(t_1)$	$x_{11}(t_2)$	$x_{12}(t_2)$	$\cdots x_{1m}(t_2)$	$\cdots$	$x_{11}(t_N)$	$x_{12}(t_N)$	$\cdots x_{1m}(t_N)$
s_2	$x_{21}(t_1)$	$x_{22}(t_1)$	$\cdots x_{2m}(t_1)$	$x_{21}(t_2)$	$x_{22}(t_2)$	$\cdots x_{2m}(t_2)$		$x_{21}(t_N)$	$x_{22}(t_N)$	$\cdots x_{2m}(t_N)$
$\vdots$	$\vdots$			$\vdots$				$\vdots$		
s_n	$x_{n1}(t_1)$	$x_{n2}(t_1)$	$\cdots x_{nm}(t_1)$	$x_{n1}(t_2)$	$x_{n2}(t_2)$	$\cdots x_{nm}(t_2)$	$\cdots$	$x_{n1}(t_N)$	$x_{n2}(t_N)$	$\cdots x_{nm}(t_N)$

纵横向拉开档次法确定权重系数 ω_j（$j=1,2,\cdots,m$）的方法是找到一组使权重系数能最大可能地体现各评价对象之间的差异，这种整体差异可以用评价值 $y_i(t_k)=\sum_{j=1}^{m}\omega_j x_{ij}(t_k)$ 的总离差平方和来刻画。在对原始数据进行标准化处理后，$\overline{y}=\dfrac{1}{N}\sum_{k=1}^{N}\left(\dfrac{1}{n}\sum_{i=1}^{n}\sum_{j=1}^{m}\omega_j x_{ij}(t_k)\right)=0$，总离差平方和

$$\sigma^2=\sum_{k=1}^{N}\sum_{i=1}^{n}(y_i(t_k)-\overline{y})^2=\sum_{k=1}^{N}\sum_{i=1}^{n}(y_i(t_k))^2$$

$$=\sum_{k=1}^{N}\omega^T H_k \omega=\omega^T\sum_{k=1}^{N}H_k\omega=\omega^T H\omega \tag{3.21}$$

其中，$\omega=(\omega_1,\omega_2,\cdots,\omega_m)^T$；$H_k=A_k^T A_k$（$k=1,2,\cdots,N$），$H=\sum_{k=1}^{N}H_k$；且

$$A_k=\begin{pmatrix} x_{11}(t_k) & \cdots & x_{1m}(t_k) \\ \vdots & & \vdots \\ x_{n1}(t_k) & \cdots & x_{nm}(t_k) \end{pmatrix} k=1,2,\cdots,N \tag{3.22}$$

---

① 郭亚军：《综合评价理论、方法及应用》，科学出版社2008年版。

可以证明，若限定 $\omega^T\omega = 1$，当取 ω 为矩阵 H 的最大特征值 λ_{max} 对应的标准化特征向量时，σ^2 取得最大值，且最大值为 λ_{max}。由此方法确定的权重系数是为了从整体上体现指标值最大离散程度的投影因子，不再是传统意义上体现指标相对重要性的权重，因此，有些权重系数可能为负值，为避免这一问题，可通过如下规划问题确定权重系数

$$\max \quad \omega^T H\omega$$
$$s.t. \quad \begin{cases} \|\omega\| = 1 \\ \omega > 0 \end{cases} \tag{3.23}$$

纵横向拉开档次法有明确的几何意义和直观意义，既能在横向上体现同一时刻不同系统之间的差异，又能在纵向上体现各个系统的变化情况，评价结果具有客观性、可比性，没有丝毫的主观色彩。

四 实证分析

在综合评价之前，需要对数据进行预处理。对所有指标数据进行无量纲化处理，由于所选用的指标数据均为极大型数据，故采用极大型无量纲化处理法，即

$$x_{ij} = \frac{x_{ij}{}^* - \overline{x}_j}{s_j} \tag{3.24}$$

其中，x_{ij}^* 为样本原始观测值，$\overline{x}_j$，s_j 分别为第 j 项指标的平均值和均方差。

将无量纲数据 $\{x_{ij}(t_k)\}$ 分别代入相应的 $H_k = A_k^T A_k$ 中，得到对称矩阵 $H = \sum_{k=1}^{N} H_k$：

$$\begin{pmatrix} 0.8216 & 0.1507 & 0.1714 & -0.1638 & 0.1208 & -0.2278 & 0.0289 & 0.0506 & 0.1998 & 0.3692 \\ -0.4928 & 0.2790 & 0.0524 & -0.5608 & 0.3302 & -0.1927 & -0.1407 & -0.0201 & 0.2698 & 0.3505 \\ -0.1058 & 0.1839 & 0.3105 & -0.0261 & -0.0547 & 0.3803 & 0.4180 & 0.6345 & -0.2450 & 0.2700 \\ -0.1860 & -0.5803 & 0.3891 & 0.4099 & 0.2007 & -0.0918 & 0.1331 & -0.0530 & 0.3613 & 0.3309 \\ 0.0725 & 0.1167 & 0.1632 & 0.1041 & 0.3492 & 0.5671 & -0.2518 & -0.4915 & -0.3478 & 0.2724 \\ -0.1636 & 0.3307 & 0.2805 & 0.2363 & -0.6108 & -0.3478 & -0.0638 & -0.2749 & -0.2003 & 0.3399 \\ 0.0071 & -0.3958 & -0.3228 & -0.3541 & -0.0681 & -0.1171 & 0.5258 & -0.2952 & -0.3811 & 0.2941 \\ -0.0413 & 0.3269 & -0.6258 & 0.4035 & 0.0048 & 0.1835 & 0.2401 & -0.0413 & 0.3717 & 0.3252 \\ -0.0305 & -0.0759 & -0.2852 & 0.2900 & 0.3333 & -0.3971 & -0.3535 & 0.3790 & -0.4815 & 0.2423 \\ 0.0410 & -0.3695 & -0.1938 & -0.2259 & -0.4715 & 0.3322 & -0.5103 & 0.2050 & 0.1428 & 0.3431 \end{pmatrix}$$

利用 matlab7.0 解上述规划问题后得到权重系数

$\omega = $（0.3692　0.3505　0.2700　0.3309　0.2724　0.3399　0.2941　0.3252　0.2423　0.3431）

将无量纲化了的 $x_{ij}(t_k)$ 和 ω_j 代入式 $y_i(t_k) = \sum\limits_{j=1}^{m} \omega_j x_{ij}(t_k)$ 中即可求得各个省级区域 2006—2012 年金融集聚程度的综合评价值。为了便于直观比较，将 $y_i(t_k)$ 作平移、放大处理，取 $y_i^*(t_k) = (y_i(t_k) + 4) \times 10$，综合评价值及排序结果如表 3—29、表 3—30 所示：

表 3—29　　　　　　　2006—2012 年区域金融集聚水平综合评价值

年份 区域	2006	2007	2008	2009	2010	2011	2012
北　京	85.30	93.37	100.25	111.79	115.23	130.30	141.84
天　津	32.02	35.62	34.13	38.79	40.55	39.85	42.22
河　北	32.67	33.35	36.39	41.99	44.40	45.48	46.28
山　西	29.97	28.55	30.45	34.77	35.89	36.31	38.50
内蒙古	19.80	19.76	20.94	22.85	24.25	25.25	26.34
辽　宁	39.19	40.01	42.42	43.43	48.16	49.36	50.91
吉　林	23.88	22.95	23.86	25.85	25.61	25.75	26.34
黑龙江	23.95	23.44	25.15	27.38	28.14	28.66	30.45
上　海	83.65	96.36	94.48	102.17	110.80	119.74	127.25
江　苏	57.55	59.33	61.87	72.61	78.55	76.17	86.60

续表

年份 区域	2006	2007	2008	2009	2010	2011	2012
浙　江	58.26	60.51	63.53	70.89	77.62	78.54	82.54
安　徽	27.86	28.61	30.50	33.70	35.73	37.47	39.17
福　建	29.48	31.10	31.42	33.79	37.49	38.28	41.59
江　西	21.85	22.13	23.11	25.35	22.66	27.63	29.04
山　东	49.40	48.35	52.52	58.40	61.20	65.39	68.92
河　南	34.80	34.55	36.82	40.11	43.22	43.93	46.36
湖　北	29.48	30.82	31.91	36.30	39.21	39.81	40.59
湖　南	27.14	28.33	30.55	33.80	35.70	36.33	38.20
广　东	77.60	90.31	93.22	99.23	110.15	112.86	118.75
广　西	20.91	21.33	22.12	25.16	26.23	27.34	28.79
海　南	17.54	18.01	18.26	19.97	21.30	21.24	22.28
重　庆	25.94	26.95	29.29	32.80	35.02	35.76	34.23
四　川	34.38	35.43	39.99	45.62	52.24	50.04	53.70
贵　州	19.77	19.73	20.00	21.62	23.34	23.67	25.27
云　南	24.88	24.95	26.17	28.90	30.90	30.81	32.26
西　藏	14.40	14.33	14.65	15.26	16.12	16.90	18.17
陕　西	26.10	26.80	29.63	32.39	34.06	34.34	35.89
甘　肃	19.05	19.15	20.15	22.69	22.81	23.98	25.67
青　海	15.15	15.56	15.39	17.03	17.89	18.03	19.56
宁　夏	17.41	16.80	16.53	17.91	18.32	18.25	18.70
新　疆	19.42	19.97	20.10	22.39	24.69	25.27	27.40

表 3—30　　　　　　　2006—2012 年区域金融集聚水平排序

年份 区域	2006	2007	2008	2009	2010	2011	2012	最大序差
北　京	1	2	1	1	1	1	1	1
天　津	11	8	11	11	11	11	11	3
河　北	10	11	10	9	9	9	10	2
山　西	12	15	16	13	14	16	15	4
内蒙古	24	25	24	24	24	25	25	1
辽　宁	7	7	7	8	8	8	8	1

续表

区域＼年份	2006	2007	2008	2009	2010	2011	2012	最大序差
吉　林	21	21	21	21	22	23	24	3
黑龙江	20	20	20	20	20	20	20	0
上　海	2	1	2	2	2	2	2	1
江　苏	5	5	5	4	4	5	4	1
浙　江	4	4	4	5	5	4	5	1
安　徽	15	14	15	16	15	14	14	2
福　建	13	12	13	15	13	13	12	3
江　西	22	22	22	22	27	21	21	6
山　东	6	6	6	6	6	6	6	0
河　南	8	10	9	10	10	10	9	2
湖　北	14	13	12	12	12	12	13	2
湖　南	16	16	14	14	16	15	16	2
广　东	3	3	3	3	3	3	3	0
广　西	23	23	23	23	21	22	22	2
海　南	28	28	28	28	28	28	28	0
重　庆	18	17	18	17	17	17	18	1
四　川	9	9	8	7	7	7	7	2
贵　州	25	26	27	27	25	27	27	2
云　南	19	19	19	19	19	19	19	0
西　藏	31	31	31	31	31	31	31	0
陕　西	17	18	17	18	18	18	17	2
甘　肃	27	27	25	25	26	26	26	2
青　海	30	30	30	30	30	30	29	1
宁　夏	29	29	29	29	29	29	30	1
新　疆	26	24	26	26	23	24	23	3

五　省级区域金融集聚评价结果分析

（一）各地区金融集聚程度的横向比较分析

由计算结果可以看出，我国金融集聚呈现由东向西递减的态势。金融集聚程度较高的地区为东部，包括上海、北京、广东、江苏、浙江；其次是山东、辽宁、天津、四川、河北、河南、湖北、福建、山西、陕西、湖南、重庆和安徽；金融集聚水平较低的地区主要位于西部和东北部，包括黑龙江、吉林、内蒙古、云南、新疆、广西、江西、甘肃、海南、宁夏、贵州、青海和西藏。

（二）各地区金融集聚程度的纵向比较分析

由表3—29可以看出，2006年至2012年各个区域的评价值呈上升态势，金融集聚均有一定程度的发展。为进一步分析各个地区金融集聚程度的纵向变化情况，计算地区综合评价值的增长率 $r = [y_i^*(2012) - y_i^*(2006)] / y_i^*(2006) \times 100\%$，其结果如图3—2所示。在31个省级区域中，北京、四川、广东、江苏、浙江这五个地区的综合评价值增长率最高，金融集聚快速发展。北京与广东综合评价值的增长率分别达到了66.28%和53.02%，四川为西部地区金融集聚发展最快的省份。综合评价值增长率较低的有海南、西藏、吉林、宁夏，其中宁夏的增长率仅为7.43%。这些地区不但金融集聚水平低下，而且发展缓慢。

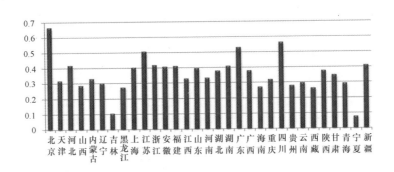

图3—2 2006—2012年区域金融集聚水平增长率

（三）各地区金融集聚程度的纵横向比较分析

表3—30中根据排序结果计算了各个地区的最大序差，这一指标能够反映地区间金融集聚程度纵横向的相对变化情况。按最大序

差的变化范围，将各省区的金融集聚水平进行分类，如表 3—31
所示。

表 3—31　　　　　　　　2006—2012 年区域金融集聚水平分类

	东部	中部	西部	东北
$r_{max} \leq 1$	上海、北京、广东、江苏、浙江、山东、海南		重庆、内蒙古、青海、西藏、宁夏、云南	辽宁、黑龙江
$2 \leq r_{max} \leq 4$	天津、河北、福建	河南、湖北、湖南、安徽	新疆、四川、陕西、甘肃、广西、贵州	吉林
$r_{max} > 4$		山西、江西		

$r_{max} \leq 1$ 的地区属于发展稳定的地区，主要集中于东部、西部和
东北部，包括上海、北京、广东、江苏、浙江、山东、海南、重
庆、内蒙古、青海、西藏、宁夏、云南、辽宁和黑龙江。这些地区
金融集聚程度排名较为稳定，其中上海、北京、广东、江苏、浙江
由于金融集聚程度高，发展速度快，一直占据排名的前五位，而青
海、宁夏和西藏三个地区的金融集聚程度低，发展速度慢，一直位
于排名的最后三位。$2 \leq r_{max} \leq 4$ 的地区为亚稳定的地区，包括东部
地区的天津、河北、福建，中部地区的河南、湖北、湖南、安徽，
西部地区的新疆、四川、陕西、甘肃、广西、贵州，以及东北部的
吉林。$r_{max} \geq 4$ 的地区为中部地区的山西和江西。这两个地区排名波
动幅度较大，山西排名从 2006 年的第 12 名上升至 2008 年的第 16
名，2009 年下降至第 13 名后又反弹至第 16 名，2012 年降至第 15
名，江西在 2006 年排名第 22，2010 年上升至第 27 名，2011 年回
落至第 21 名。

第四章

中国省级区域金融集聚的空间分析

第一节　空间计量经济学的基本思想与方法

一　空间计量经济学的基本思想

空间计量经济学最早由帕林克（J. Paelinck）在荷兰统计协会年会上提出，之后克利夫（Clifford，1973，1981）对空间自回归模型进行了开拓性的工作，奥斯林（Auslin，1988）对空间经济计量学进行了系统的研究。奥斯林将空间计量经济学定义为"在区域科学模型统计分析中，研究由空间引起的各种特性的一系列方法"。空间上邻近的地理单元具有一定的空间效应，这种空间效应包括空间异质性和空间相关性。空间异质性是指地理空间单元的经济属性有较大的空间差异，缺乏匀质性，存在发达地区和落后地区，核心地区和边缘地区等经济地理结构。空间相关性是指地理上邻近的单元其经济属性具有相关性。空间效应的存在打破了大多数经典统计和计量分析中相互独立的基本假设。空间计量经济学的基本思想是将个体间空间上的相互依赖关系引入模型，将经典统计和计量方法应用于与地理位置及空间交互作用相关的地理空间数据，通过地理位置与空间联系建立统计与计量关系。

二 空间计量的基本方法

空间计量经济学的数据分析方法主要包括探索性空间数据分析
（Exploratory Spatial Data Analysis，简称 ESDA）和证实性空间数据
分析（Confirmatory Spatial Data Analysis，简称 CSDA）。空间数据分
析的一般程序是首先运用探索性空间数据分析的基本工具如空间直
方图、空间盒子图、空间分位数图、空间自相关指标等来直观地描
述空间数据；然后通过证实性空间数据分析方法建立空间计量模型
来进行更深入的分析。本节主要用探索性空间数据分析方法来进行
分析。

探索性空间数据分析在分析空间相关性时主要使用两类指数：
一类是度量目标变量全局空间相关性的指数，包括全局 Moran's I 指
数（Moran，1950）、Geary 指数 C（Geary，1954）；另一类是度量
局部空间相关性的指数，包括 Gi 指数、Moran 散点图和局部 Moran
指数（Local Moran Index）。

（一）全局空间相关性

全局空间自相关主要是判断在整个研究区域上目标变量的分布
是否存在空间相关性。目前最常被用来检测空间自相关的方法有
Moran's I（Moran，1950）、Geary's C（Geary，1954）。两类指标在
本质上是相同的。由于 Moran's I 指数的分布特征更加接近经典的相
关系数，在应用研究中最为常用。

全局 Moran's I 指数的定义如下：

$$Moran\text{'}s\ I = \frac{n \sum\limits_{i=1}^{n} \sum\limits_{j=1}^{n} w_{ij}(x_i - \bar{x})(x_j - \bar{x})}{\sum\limits_{i=1}^{n} \sum\limits_{j=1}^{n} w_{ij} \sum\limits_{i=1}^{n} (x_i - \bar{x})^2}$$

$$= \frac{\sum_{i=1}^{n} \sum_{j\neq1}^{n} w_{ij}(x_i - \bar{x})(x_j - \bar{x})}{S^2 \sum_{i=1}^{n} \sum_{j=1}^{n} w_{ij}} \tag{4.1}$$

$$\bar{x} = \frac{1}{n} \sum_{i=1}^{n} x_i \quad S^2 = \frac{1}{n} \sum_i (x_i - \bar{x})^2 \tag{4.2}$$

其中，n 为空间单元总数，x_i 和 x_j 分别为目标变量 x 在区域 i 和区域 j 的观测值，$\bar{x}$ 表示目标变量 x 的平均值，S^2 是目标变量 x 的方差，w_{ij} 是空间权重矩阵 W 中的元素：

$$\omega_{ij} = \begin{cases} 1 & \text{区域 i 与区域 j 相邻} \\ 0 & \text{区域 i 与区域 j 不相邻} \end{cases} \tag{4.3}$$

如果目标变量的观测值来自正态分布，并且是空间依赖的，抽样得到的 Moran's I 指数的分布是渐进正态分布，其期望和方差为：

$$E\left[I\right] = \frac{1}{n-1} \tag{4.4}$$

$$Var\left[I\right] = \frac{n^2(n-1)S_1 - n(n-1)S_2 - 2S_0^2}{(n+1)(n-1)S_0^2} \tag{4.5}$$

$$S_0 = \sum_j \sum_{i\neq j} w_{ij} \tag{4.6}$$

$$S_1 = \frac{1}{2} \sum_j \sum_{i\neq j} (w_{ij} + w_{ji})^2 \tag{4.7}$$

$$S_2 = \sum_k (\sum_j w_{ij} + \sum_i w_{ik})^2 \tag{4.8}$$

对于 Moran's I 指数，可以用标准化统计量 Z 来检验 n 个区域是否存在空间自相关关系，Z 的计算公式为：

$$Z = \frac{I - E(I)}{\sqrt{Var(I)}} \tag{4.9}$$

Moran's I 指数可以看成目标变量与它的空间滞后（Spatial Lag）之间的相关系数。变量 x_i 的空间滞后是 x_i 在邻近区域上的平均值，其定义式为：

$$x_{i,-1} = \frac{\sum_j w_{ij} x_{ij}}{\sum_j w_{ij}} \qquad (4.10)$$

Moran's I 指数的取值范围介于 -1 和 1 之间，取值大于 0 则表示目标变量存在正的空间自相关，即空间上相互邻近的单元有相似的属性值。当取值小于 0 则表示目标变量存在负的空间自相关，即空间上相互邻近的单元具有不相似的属性值。如果取值为 0，那么表示属性值的空间分布是随机的。

（二）局部空间相关性

（1）局部 Moran's I 指数

在全局 Moran's I 指数中，由于部分空间单元正的空间自相关和另一部分空间单元负的空间自相关会相互抵消，Moran's I 指数是抵消后的剩余值，不能反映每一空间单元的局部空间关联效应。因此，实际应用中还需使用局部 Moran's I 指数，或称 LISA（Local Indicator of Spatial Association）来检验局部地区是否存在空间相关性。局部 Moran's I 指数的定义为：

$$I_i = \frac{(x_i - \bar{x})}{\sigma_x} \sum_{j \neq i} w_{ij} \left(\frac{x_j - \bar{x}}{\sigma_x} \right) \qquad (4.11)$$

正的 I_i 表示区域 i 的属性值 x_i 与所有相邻地区的属性值是正相关关系，即具有相似的属性值；负的 I_i 则区域 i 的属性值 x_i 与所有相邻区域的属性值是负相关关系，即具有相异的属性值；I_i 为零则表示区域 i 的属性值 x_i 与所有相邻区域的属性值不相关，即不受相邻地区的影响。

（2）Moran 散点图

Moran 散点图是反映局部区域空间相关性的二维可视化图形，散点图中的点以标准化的变量 z 为横坐标，以 z 的空间滞后 Wz 为纵坐标，位于四个象限的点分别对应四种不同的局部空间关联性。

第一象限（高—高，标记为 HH）表示区域 i 具有较高的属性值，与其邻近的其他区域也具有较高的属性值，即高值被高值包围；

第二象限（低—高，标记为 LH）表示区域 i 具有较低的属性值，而与其邻近的其他区域具有较高的属性值，即低值被高值包围；

第三象限（低—低，标记为 LL）表示区域 i 具有较低的属性值，与其邻近的其他区域也具有较低的属性值，即低值被低值包围；

第四象限（高—低，标记为 HL）表示区域 i 具有较高的属性值，而与其邻近的其他区域具有较低的属性值，即高值被低值包围。[①]

第二节　省级区域金融业的空间分布

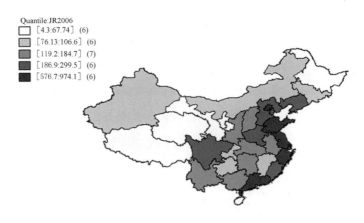

图4—1　2006年省级区域金融业五分位图

---

① 沈体雁、冯等田、孙铁山：《空间计量经济学》，北京大学出版社 2010 年版。

本节将利用 31 个省级区域 2006 年与 2012 年的金融业增加值、存贷款余额、股票市价总值和保费收入的五分位图来分析金融业、银行业、证券业和保险业的发展水平的空间布局。为了表述的方便，将五分位数由高到低的分组分别称为第一、第二、第三、第四、第五梯队。

一 金融业空间分布

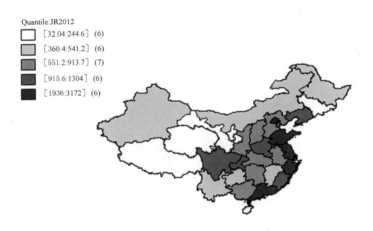

图 4—2　2012 年省级区域金融业五分位图

表 4—1　　　　　　　2006 年省级区域金融业梯队分类

区域	第一梯队	第二梯队	第三梯队	第四梯队	第五梯队
东部	北京、上海、江苏、浙江、山东、广东	天津、河北、福建			海南
中部		河南	湖北、湖南、山西、安徽	江西	
西部		四川	广西、云南、陕西	内蒙古、重庆、贵州、新疆	西藏、甘肃、青海、宁夏
东北		辽宁		吉林	黑龙江

表 4—2　　　　　　　　　　2012 年省级区域金融业梯队分类

区域	第一梯队	第二梯队	第三梯队	第四梯队	第五梯队
东部	北京、上海、江苏、浙江、山东、广东	天津、福建	河北		海南
中部		河南	湖北、湖南、山西、安徽	江西	
西部		四川、重庆	广西、陕西	云南、内蒙古、贵州、新疆	西藏、甘肃、青海、宁夏
东北		辽宁		黑龙江	吉林

　　由 2012 年的金融业五分位图可以看出，我国金融业发展水平呈现由东向西递减的态势。发展水平较高的地区除首都北京外主要集中在东部沿海一带，包括上海、广东、江苏、浙江和山东。中部六省中河南位于第二梯队，金融业发展水平居中部之首，湖北、湖南、山西、安徽位于第三梯队，江西金融业发展水平属中部最低，位于第四梯队。西部金融业发展水平最高的为四川、重庆，其次是广西、山西，其余地区均位于第四、第五梯队。东北部辽宁位于第二梯队，黑龙江与吉林分别位于第四、第五梯队。

　　2006 年至 2012 年金融业空间分布的变动表现为重庆由第四梯队上升至第二梯队，河北由第二梯队下降为第三梯队，云南由第三梯队下降为第四梯队，吉林由第四梯队下降至第五梯队，黑龙江由第五梯队上升至第四梯队。

二 银行业空间分布

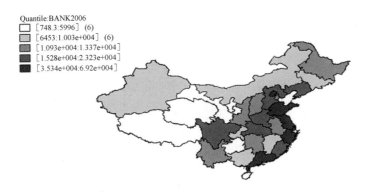

图 4—3　2006 年省级区域银行业五分位图

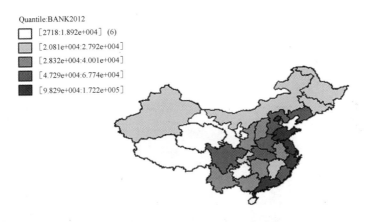

图 4—4　2012 年省级区域银行业五分位图

表 4—3　　　　　　　　2006 年省级区域银行业梯队分类

区域	第一梯队	第二梯队	第三梯队	第四梯队	第五梯队
东部	北京、上海、江苏、浙江、山东、广东	河北、福建	天津		海南

续表

区域	第一梯队	第二梯队	第三梯队	第四梯队	第五梯队
中部		河南、湖北	湖南、安徽、山西	江西	
西部		四川	陕西、云南	重庆、广西、内蒙古、新疆	甘肃、宁夏、西藏、青海、贵州
东北		辽宁	黑龙江	吉林	

表4—4　　　　　　　2012年省级区域银行业梯队分类表

区域	第一梯队	第二梯队	第三梯队	第四梯队	第五梯队
东部	北京、上海、江苏、浙江、山东、广东	河北、福建	天津		海南
中部		河南、湖北	湖南、安徽、山西	江西	
西部		四川	陕西、云南、广西	重庆、内蒙古、新疆	甘肃、宁夏、西藏、青海、贵州
东北		辽宁		吉林、黑龙江	

由2012年的银行业五分位图可以看出，我国银行的空间布局与金融业整体呈现相似的分布特征。发展水平较高的位于第一梯队的均为东部地区，包括北京、上海、广东、江苏、浙江和山东。东部除海南位于第五梯队外，其他地区均位于前三梯队，东部银行业发展水平整体高于中西部和东北部地区。中部六省中河南、湖北位于第二梯队，领先于中部其他地区，湖南、山西、安徽位于第三梯队，江西银行业发展水平属中部最低，位于第四梯队。西部银行业发展水平最高的为四川，其次是陕西、云南、广西，其余地区均位

于第四、第五梯队。东北部辽宁位于第二梯队，黑龙江与吉林位于第四梯队。

2006 年至 2012 年银行业空间分布的变动表现为广西由第四梯队上升至第三梯队，黑龙江由第三梯队下降至第四梯队。

三　证券业空间分布

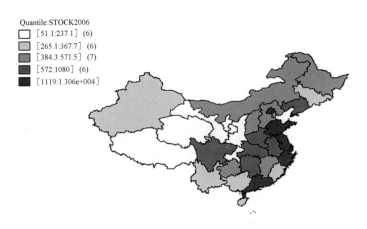

图 4—5　2006 年省级区域证券业五分位图

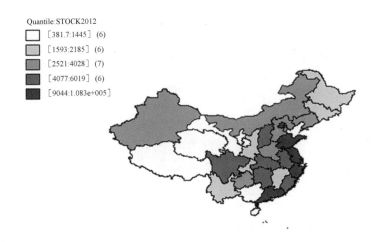

图 4—6　2012 年省级区域证券业五分位图

表 4—5　　　　　　　　2006 年省级区域证券业梯队分类

区域	第一梯队	第二梯队	第三梯队	第四梯队	第五梯队
东部	北京、上海、江苏、浙江、山东、广东		天津、河北	福建、海南	
中部		河南、湖北、湖南、安徽	山西、江西		
西部		四川	内蒙古、贵州、云南	广西、新疆、云南	甘肃、宁夏、西藏、青海、重庆、陕西
东北		辽宁	黑龙江	吉林	

表 4—6　　　　　　　　2012 年省级区域证券业梯队分类

区域	第一梯队	第二梯队	第三梯队	第四梯队	第五梯队
东部	北京、上海、江苏、浙江、山东、广东	福建	天津、河北		海南
中部		湖北、湖南、山西、安徽	河南	江西	
西部		四川	内蒙古、贵州、新疆	云南、重庆、陕西	甘肃、宁夏、西藏、青海、广西
东北			辽宁	吉林、黑龙江	

由 2012 年的证券业五分位图来看，证券业发展水平较高的位

于东部,除海南位于第五梯队,福建位于第二梯队,天津、河北位于第三梯队,其余省份均在第一梯队,证券业发展水平整体高于中西部和东北部地区。中部六省中有四省位于第二梯队,包括湖北、湖南、山西、安徽,河南、江西分别位于第三、第四梯队。西部证券业发展水平最高的为四川,其次是内蒙古、贵州、新疆,其余地区均位于第四、第五梯队。东北部辽宁位于第三梯队,黑龙江与吉林位于第四梯队。

2006 年至 2012 年证券业空间分布的变动表现在福建、新疆、陕西、山西、重庆所在梯队的上升和河南、辽宁、江西、黑龙江、广西所在梯队的下降。具体来说,福建、新疆由第四梯队分别上升至第二、第三梯队,陕西、重庆由第五梯队上升至第四梯队,山西由第三梯队上升至第二梯队。河南、辽宁由第二梯队下降至第三梯队,江西、黑龙江由第三梯队下降至第四梯队,广西由第四梯队下降至第五梯队。

四 保险业空间分布

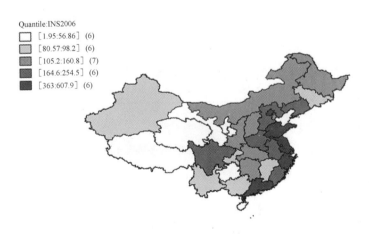

图4—7 2006 年省级区域保险业五分位图

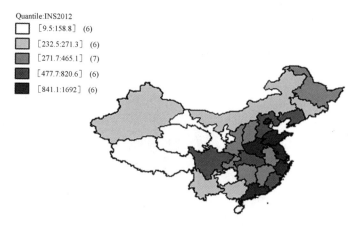

图 4—8   2012 年省级区域保险业五分位图

表 4—7   2006 年省级区域保险业梯队分类

区域	第一梯队	第二梯队	第三梯队	第四梯队	第五梯队
东部	北京、上海、江苏、浙江、山东、广东	河北、福建	天津		海南
中部		河南、安徽	湖南、湖北、山西	江西	
西部		四川	陕西、内蒙古	重庆、广西、新疆、云南	甘肃、宁夏、西藏、青海、贵州
东北		辽宁	黑龙江	吉林	

表 4—8   2012 年省级区域保险业梯队分类

区域	第一梯队	第二梯队	第三梯队	第四梯队	第五梯队
东部	北京、江苏、浙江、山东、广东	上海、河北、福建		天津	海南

区域	第一梯队	第二梯队	第三梯队	第四梯队	第五梯队
中部	河南	湖北	湖南、山西、安徽、江西		
西部		四川	陕西、重庆	广西、新疆、云南、内蒙古	甘肃、宁夏、西藏、青海、贵州
东北		辽宁	黑龙江	吉林	

由 2012 年的保险业五分位图可以看出，我国保险业发展水平呈现由东部向中部、东北部、西部递减的态势。位于第一梯队的有东部的北京、广东、江苏、浙江、山东和中部的河南。中部保险业发展水平仅次于河南的为湖北，位于第二梯队，湖南、山西、安徽、江西位于第三梯队。西部保险业发展水平最高的为四川，其次是陕西、重庆，其余地区均位于第四、第五梯队。东北部辽宁位于第二梯队，黑龙江与吉林分别位于第三、第四梯队。

2006 年至 2012 年保险业空间分布的变动表现在河南、湖北、江西、重庆所在梯队的上升和上海、安徽、内蒙古、天津所在梯队的下降。具体来说，河南由第二梯队上升至第一梯队，湖北由第三梯队上升至第二梯队，江西、重庆由第四梯队上升至第三梯队。上海由第一梯队下降至第二梯队，安徽由第二梯队下降至第三梯队，天津、内蒙古由第三梯队下降至第四梯队。

第三节 省级区域金融集聚的空间相关性分析

一 金融业集聚的空间相关性分析

在讨论空间相关性之前必须先建立反映地理单元空间邻近关系

的空间权重矩阵，一般依据边界邻近关系或距离邻近关系，这里根据边界邻近关系来建立空间权重矩阵。

表4—9 中国31个省区地理相邻

地　区	编号	邻域个数	邻域编号	权重
北　京	1	2	2、3	1/2
天　津	2	3	1、3、15	1/3
河　北	3	7	1、2、4、5、6、15、16	1/7
山　西	4	4	3、5、16、27	1/4
内蒙古	5	8	3、4、6、7、8、27、28、30	1/8
辽　宁	6	3	3、5、7	1/3
吉　林	7	3	5、6、8	1/3
黑龙江	8	2	5、7	1/2
上　海	9	2	10、11	1/2
江　苏	10	4	9、11、12、15	1/4
浙　江	11	5	9、10、12、13、14	1/5
安　徽	12	6	10、11、14、15、16、17	1/6
福　建	13	3	11、14、19	1/3
江　西	14	6	11、12、13、17、18、19	1/6
山　东	15	5	2、3、10、12、16	1/5
河　南	16	6	3、4、12、15、17、27	1/6
湖　北	17	6	12、14、16、18、22、27	1/6
湖　南	18	6	14、17、19、20、22、24	1/6
广　东	19	5	13、14、18、20、21	1/5
广　西	20	4	18、19、24、25	1/4
海　南	21	1	19	1
重　庆	22	5	17、18、23、24、27	1/5
四　川	23	8	17、22、24、25、26、27、28、29	1/8
贵　州	24	5	18、20、22、23、25	1/5
云　南	25	4	20、23、24、26	1/4
西　藏	26	4	23、25、29、31	1/4
陕　西	27	8	4、5、16、17、22、23、28、30	1/8

地 区	编号	邻域个数	邻域编号	权重
甘 肃	28	6	5、23、27、29、30、31	1/6
青 海	29	4	23、26、28、31	1/4
宁 夏	30	3	5、27、28	1/3
新 疆	31	3	26、28、29	1/3

资料来源：根据《中华人民共和国地图》整理。

空间权重矩阵 W 设定方法如下：

$$W = \begin{bmatrix} \omega_{11} & \omega_{12} & \cdots & \omega_{1n} \\ \omega_{21} & \omega_{22} & \cdots & \omega_{2n} \\ \vdots & \vdots & & \vdots \\ \omega_{n1} & \omega_{n2} & \cdots & \omega_{nn} \end{bmatrix} \quad (4.12)$$

$$\omega_{ij} = \begin{cases} 1 & 区域\ i\ 与区域\ j\ 相邻 \\ 0 & 区域\ i\ 与区域\ j\ 不相邻 \end{cases} \quad (4.13)$$

W 是主对角线元素全为零的对称矩阵，为使属性数据的空间邻近加权具有统计意义和实际意义，一般对空间权重矩阵作标准化处理，使得每行元素之和为1。

这里通过2006年至2012年金融业增加值的 Moran's I 指数来反映31个省级区域金融业发展的全局空间相关性。使用 OpenGeoDa 软件得到 Moran's I 指数和 P 概率。从表4—10可以看出，金融业增加值的 Moran's I 指数为正，除2007年外其余年份的指数均在5%水平下显著，表明金融业具有正的空间相关性，相邻地区的金融业增加值具有相似性。并且，金融业增加值的 Moran's I 指数在2006年至2012年从0.1981增加至0.2458，说明金融业空间相关性逐渐增强，集聚趋势越来越明显。

表 4—10　　　　　　　2006—2012 年金融业全局 Moran's I 指数

年份	Moran's I 指数	P 概率
2006	0.1981	0.032
2007	0.1428	0.066
2008	0.1611	0.046
2009	0.2155	0.025
2010	0.2322	0.017
2011	0.2579	0.011
2012	0.2458	0.015

　　Moran's I 指数反映了省级区域金融集聚水平的全局空间相关性，下面将通过 Moran 散点图来进一步分析省级区域金融集聚的局域特征。

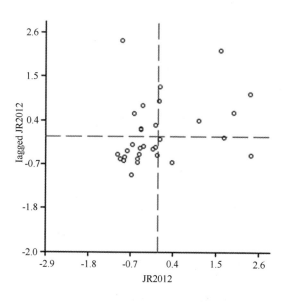

图 4—9　金融业 Moran 散点图

表 4—11　　　　　　　　2012 年省级区域金融业空间关联分类

区域	HH	LH	LL	HL
东部	上海、江苏、浙江、山东、福建、天津	河北、海南		北京、广东
中部		安徽、湖南、江西	湖北、山西	河南
西部		广西	重庆、陕西、甘肃、宁夏、青海、西藏、云南、贵州、内蒙古、新疆	四川
东北			黑龙江、吉林、辽宁	

从金融业 Moran 散点图可以看出，有 21 个地区位于第一和第三象限，说明大部分省份都具有正的空间相关性，集聚现象显著。位于第一象限的地区属 HH 型集聚，主要包括东部的上海、江苏、浙江、山东、福建、天津，这些地区及其周边地区金融业发展均属较高水平。位于第二象限的地区属 LH 型关联分布，包括东部的河北、海南，中部的安徽、湖南、江西和西部的广西，这些地区本身的金融业发展水平不高，但相邻区域具有较高的金融业发展水平。第三象限属 LL 型集聚，中部的湖北和山西、绝大部分西部地区和东北三省均位于第三象限，自身及相邻地区的金融业发展水平均不高。位于第四象限的地区属 HL 型关联分布，包括北京、广东、河南、四川，这些地区自身具有较高的金融业发展水平，但其周边地区金融业发展水平相对较低。

二　银行业空间相关性分析

下面将通过省级区域存贷款余额的全局 Moran's I 指数以及 Moran 散点图来分析银行业的空间相关性。

银行业的 Moran's I 指数为正，除 2006 年外，其余年份的指数均在 10% 水平下显著，表明银行业发展具有正的空间相关。Moran's I 指数在 2006 年至 2011 年呈上升趋势，在 2011 年达到峰值 0.1413，2012 年小幅回落至 0.1373。整体来看，银行业全局 Moran's I 指数在 2006 年至 2012 年由 0.0829 增加至 0.1373，增幅明显，空间相关性逐渐增强，银行业的集聚趋势加剧。

表 4—12　　　　　　　2006—2012 年银行业全局 Moran's I 指数

年份	Moran's I 指数	P 概率
2006	0.0829	0.130
2007	0.1259	0.079
2008	0.1347	0.063
2009	0.1394	0.062
2010	0.1328	0.068
2011	0.1413	0.061
2012	0.1373	0.065

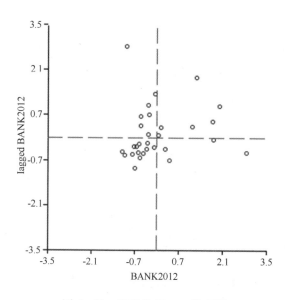

图 4—10　银行业 Moran 散点图

表4—13 2012年省级区域银行业空间关联分类

区域	HH	LH	LL	HL
东部	上海、江苏、浙江、山东、河北	天津、福建、海南		广东、北京
中部	河南	安徽、湖南、江西	湖北、山西	
西部		广西	内蒙古、新疆、甘肃、陕西、宁夏、青海、西藏、重庆、云南、贵州	四川
东北			黑龙江、吉林	辽宁

从银行业 Moran 散点图可以看出，有20个地区位于第一和第三象限，说明大部分省份都具有正的空间相关性，集聚现象显著。位于第一象限的地区呈 HH 型集聚的地区主要包括东部的上海、江苏、浙江、山东、河北和中部的河南，这些地区及其周边地区银行业发展均属较高水平。位于第二象限呈 LH 型关联分布的包括东部的天津、福建、海南，中部的安徽、湖南、江西和西部的广西，这些地区本身的银行业发展水平不高，但相邻区域具有较高的银行业发展水平。位于第三象限呈 LL 型集聚的包括中部的湖北和山西，绝大部分西部地区和东北部的黑龙江、吉林，这些地区自身及相邻地区的银行业发展水平均不高。位于第四象限呈 HL 关联型分布的包括北京、广东、四川、辽宁，这些地区自身具有较高的银行业发展水平，但其周边地区银行业发展水平相对较低。

三 证券业空间相关性分析

下面将通过省级区域股票市价总值的全局 Moran's I 指数以及 Moran 散点图来分析证券业的空间相关性。

表 4—14   2006—2012 年证券业全局 Moran's I 指数

年份	Moran's I 指数	P 概率
2006	− 0.0380	0.392
2007	− 0.0533	0.472
2008	− 0.0266	0.312
2009	− 0.0350	0.387
2010	− 0.0392	0.430
2011	− 0.0356	0.419
2012	− 0.0352	0.404

证券业的 Moran's I 指数为负，但数值较小，没有通过显著性水平检验，并且指数变化幅度较小，说明在考察的时间区间内证券业整体的空间相关性不显著。这种不显著的原因在于 31 个省级区域中，北京、上海、广东的股票市价总值远远高于其他地区，这些地区的邻近地区的证券业发展水平相对较低，其负的空间自相关抵消了其余地区的正的空间自相关，导致 Moran's I 指数为一个较小的负值，未能通过显著性检验。由此可见，此处并不能由 Moran's I 指数这一全局自相关指标来推断证券业不存在集聚趋势，需要结合局部空间自相关指数进行进一步分析。

表 4—15   2012 年省级区域证券业空间关联分类

区域	HH	LH	LL	HL
东部	上海、江苏、浙江	河北、天津、福建、海南		北京、广东、山东
中部		江西	山西、安徽、河南、湖北、湖南	

续表

区域	HH	LH	LL	HL
西部		广西	内蒙古、重庆、四川、贵州、云南、西藏、陕西、甘肃、青海、宁夏、新疆	
东北			辽宁、吉林、黑龙江	

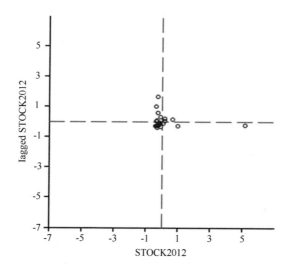

图4—11　证券业 Moran 散点图

从 2012 年证券业 Moran 散点图可以看出，有 22 个地区位于第一和第三象限，说明大部分省份都具有正的空间相关性，集聚程度要高于银行业。位于第一象限的地区呈 HH 型集聚的包括东部的上海、江苏、浙江，这些地区及其周边地区证券业发展均属较高水平。位于第二象限呈 LH 型关联分布的包括东部的河北、天津、福建、海南，中部的江西和西部的广西，这些地区本身的证券业发展水平不高，但周边区域具有较高的证券业发展水平。位于第三象限呈 LL 型集聚的包括除江西外的所有中部地区、除广西外的所有西部地区和所有东北部地区，这些地区自身及周边地区的证券业发展水平均不高。位于第四象限呈 HL 型关联分布的包括北京、广东、山东，这些地区自身具有较高的证券业发展水平，但其周边地区证券业发展水平相对较低。

四　保险业空间相关性分析

下面将通过省级区域保费收入的全局 Moran's I 指数以及 Moran 散点图来分析保险业的空间相关性。

由表 4—16 可以看出，保险业的 Moran's I 指数为正，保险业发展具有正的空间相关性和集聚现象，但除 2006 年之外其余年份的指数未通过 10% 的显著性检验。

表 4—16　　　　　　　　2006—2012 年保险业全局 Moran's I 指数

年份	Moran's I 指数	P 概率
2006	0.1314	0.079
2007	0.1030	0.108
2008	0.0559	0.194
2009	0.1173	0.085
2010	0.0421	0.236
2011	0.0591	0.197
2012	0.0657	0.176

表 4—17　　　　　　　　2012 年省级区域保险业空间关联分类

区域	HH	LH	LL	HL
东部	北京、上海、江苏、浙江、河北、山东	福建、海南、天津		广东
中部	河南	安徽、湖南、江西、山西		湖北

续表

区域	HH	LH	LL	HL
西部		广西	内蒙古、新疆、甘肃、陕西、宁夏、青海、西藏、重庆、云南、贵州	四川
东北			黑龙江、吉林	辽宁

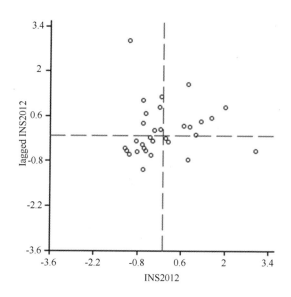

图4—12 保险业 Moran 散点图

从 2012 年保险业 Moran 散点图可以看出，有 19 个地区位于第一和第三象限，说明大部分省份都具有正的空间相关性，保险业发展存在集聚趋势。位于第一象限的地区呈 HH 型集聚的包括东部的北京、上海、江苏、浙江、河北、山东和中部的河南，这些地区及其周边地区保险业发展均属较高水平。位于第二象限呈 LH 型关联分布的包括东部的福建、海南、天津，中部的安徽、湖南、江西、山西和西部的广西，这些地区本身的保险业发展水平不高，但周边区域具有较高的保险业发展水平。位于第三象限呈 LL 型集聚的包括除广西、四川外的所有西部地区和东北部的黑龙江、吉林，这些地区自身及周边地区的保险业发展水平均不高。位于第四象限呈 HL 型关联分布的包括广东、湖北、四川、辽宁，这些地区自身具有较高的保险业发展水平，但其周边地区保险业发展水平相对较低。

第五章

省级区域金融集聚的影响因素

第四章使用探索性空间数据分析方法对省级区域金融业集聚以及银行、证券和保险业集聚的分布特征、全局相关性和局部相关性进行了分析。本章将使用证实性空间数据分析方法（Confirmatory Spatial Data Analysis，简称 CSDA）建立空间计量模型，对影响省级区域金融集聚的因素进行分析。

第一节　空间计量模型的分类

在经典的线性回归模型中，误差项被设定为零均值并且独立同分布，这样的假设使模型简化，易于估计，但是忽略了误差项之间的空间依赖性。对于区域数据而言，相邻区域之间有可能存在空间相关性，这种情况下如果采用传统的回归模型进行建模就会出现设定偏误。空间计量经济模型通过引入空间相关性对传统的线性回归模型进行修正，这种空间相关性可能是因变量、自变量的空间相关性，也可能是误差项的空间相关性。根据模型中引入的空间相关性的不同形式，可将空间计量模型分为空间滞后模型、空间误差模型、广义空间模型和杜宾模型。

一 空间截面模型

（一）空间滞后模型

空间滞后模型（Spatial Lag Model，简称 SLM）又称为空间自相关模型（Spatial Autocorrelation Model，简称 SAR），该模型在传统线性回归模型的基础上考虑了因变量 y 在区域 i 的观察值与相邻地区 j 的观察值的相互依赖性，将因变量 y 的空间滞后项 $\sum_{j=1}^{n} \omega_{ij} y_j$ 作为一个解释变量引入模型来反映因变量之间的空间相关性。模型的数学形式如下：

$$y_i = \rho \sum_{j=1}^{n} \omega_{ij} y_j + \sum_{k=1}^{m} \beta_k x_{ik} + \varepsilon_i \qquad (5.1)$$

或

$$Y = \rho W Y + X \beta + \varepsilon \qquad (5.2)$$

式 5.2 中，W 是空间权重矩阵，WY 是空间滞后因变量，ρ 为空间自回归系数。

（二）空间误差模型

空间误差模型（Spatial Error Model，简称 SEM）在误差项中考虑空间相关性，这种空间相关性可能是由另一个不可观测的潜在变量的空间相关性所引起，也可能起源于区域边界划分没有精确地反映邻里关系[1]。根据误差项空间相关形式的不同，空间误差模型可分为空间误差自相关模型和空间误差移动平均模型。

空间误差自相关模型的数学形式如下：

$$Y = X \beta + \varepsilon$$
$$\varepsilon = \lambda W \varepsilon + \mu \qquad (5.3)$$
$$Y = X \beta + (I - \lambda W)^{-1} \mu$$

---

[1]　王劲峰等：《经济与社会科学空间分析》，科学出版社 2012 年版。

空间误差移动平均模型的数学形式如下：

$$Y = X\beta + \varepsilon$$
$$\varepsilon = \mu - \theta W \mu \qquad (5.4)$$
$$Y = X\beta + (I - \theta W) \, \mu$$

式 5.3 中 λ 是空间相关误差的参数，式 5.4 中 θ 是空间误差移动平均系数。将两种模型组合起来可以得到空间误差模型的一般形式：

$$Y = X\beta + \varepsilon$$
$$\varepsilon = \lambda W \varepsilon - \theta W \mu + \mu \qquad (5.5)$$
$$Y = X\beta + (I - \rho W)^{-1}(I - \theta W) \, \mu$$

（三）广义空间模型

广义空间模型（General Spatial Model）在模型中同时引入因变量的空间相关性和误差项的空间相关性，是空间计量模型的通用形式，其数学形式如下：

$$Y = \rho W_1 Y + X\beta + \varepsilon$$
$$\varepsilon = \lambda W_2 \varepsilon + \mu \qquad (5.6)$$
$$\mu \sim N(0, \, \sigma_\mu^2 I_n)$$

W_1、W_2 可以为相同也可以为不同的权重矩阵。若设定 $\lambda = 0$ 模型即为空间滞后模型；若设定 $\rho = 0$ 模型即为空间误差模型 SEM。

（四）空间杜宾模型

空间杜宾模型（Spatial Dubin Model，简称 SDM）在模型中引入因变量空间滞后项的同时考虑自变量的空间邻近对应变量的影响，其具体的数学形式如下：

$$(I - \rho W)Y = (I - \rho W)X\beta + \mu \qquad (5.7)$$
$$\mu \sim N(0, \, \sigma^2 I)$$

或写成如下形式：

$$Y = \rho WY + X\beta_1 + WX\beta_2 + \varepsilon \qquad (5.8)$$

$$\mu \sim N(0,\ \sigma^2 I)$$

式 5.8 中，WX 为自变量滞后项，此项系数 β_2 需满足隐含约束条件 $\beta_2 = -\rho\beta_1$。

二 空间面板模型

以上模型为针对横截面数据的空间计量模型，如果要使用面板数据进行建模，就需要使用空间面板模型。空间面板模型在经典的面板模型中引入空间相关项，根据引入的空间相关项的形式不同可以分为空间滞后面板模型、空间误差面板模型和空间杜宾面板模型。

对于不同形式的面板模型可建立不同的空间面板模型，这里仅就具有固定效应的混合面板模型进行说明。具有个体效应和时间效应的混合面板模型为：

$$y_{it} = x_{it}\beta + \mu_i + \lambda_t + \varepsilon_{it} \tag{5.9}$$

式 5.9 中，i（i = 1，2，…，N），t（t = 1，2，…，T），N、T 为个体数和时点数，μ_i 为个体效应，λ_t 为时间效应。在式 5.9 中引入反映邻近区域因变量影响的滞后项后得到具有个体效应和时间效应的混合空间滞后面板模型：

$$y_{it} = \rho \sum_{j=1}^{N} \omega_{ij} y_{jt} + x_{it}\beta + \mu_i + \lambda_t + \varepsilon_{it} \tag{5.10}$$

式 5.10 中，ρ 为空间自回归系数，ω_{ij} 反映区域 i 与 j 的邻近关系。

在式 5.9 中的误差项中引入空间相关性得到具有个体效应和时间效应的混合空间误差面板模型：

$$y_{it} = x_{it}\beta + \mu_i + \lambda_t + \phi_{it}$$
$$\phi_{it} = \rho \sum_{j=1}^{N} \omega_{ij} \phi_{jt} + \varepsilon_{it} \tag{5.11}$$

式 5.11 中，ρ 为空间自相关系数，ω_{ij} 反映区域 i、j 的邻近关系。

在式 5.9 中引入因变量的空间滞后项同时在误差项中引入空间相关性得到具有个体效应和时间效应的混合空间杜宾面板模型：

$$y_{it} = \delta \sum_{j=1}^{N} \omega_{ij} y_{jt} + x_{it}\beta + \sum_{j=1}^{N} \omega_{ij} x_{ijt}\delta + \mu_i + \varepsilon_{it} \qquad (5.12)$$

式 5.12 中，γ 和 β 为未知参数向量。

三　地理加权回归模型

空间异质（Spatial Heterogeneity）代表自变量与因变量的关系因不同位置而改变。最常见的一种情形是"区域差异"。考虑如下全局回归模型：

$$y_i = \beta_0 + \sum_k \beta_k x_{ik} + \varepsilon_i \qquad (5.13)$$

地理加权回归模型（Geographically Weighted Regression，简称 GWR）扩展了传统的回归框架，允许局部而不是全局的参数估计，扩展后的模型如下所示：

$$y_i = \beta_0(\mu_i, v_i) + \sum_k \beta_k(\mu_i, v_i) x_{ik} + \varepsilon_i \qquad (5.14)$$

式 5.14 中 (μ_i, v_i) 是第 i 个样本点的空间坐标，$\beta_k(u_i, v_i)$ 是连续函数 $\beta_k(\mu_i, v_i)$ 在 i 点的值。如果 $\beta_k(\mu_i, v_i)$ 在空间上保持不变，则模型 5.14 就变为全局模型 5.13。GWR 的基本假定回归系数 β 不是定值，会因不同地区而异，而 β 的变化是一个渐进的过程。其实际做法是：以每个地区为核心，其他地区为观测值，以距离远近加权，全部有几个地区，就有几组回归方程式，分别估计各组回归方程式的系数。

第二节　省级区域金融集聚影响因素的实证分析

一　模型设定及变量选择

为进一步分析区域金融集聚的影响因素，本书将以金融业集聚的区位熵 LQ 为被解释变量，以各影响因素为解释变量，纳入空间因素建立空间面板模型。结合我国金融业集聚特征，本书考虑的因素包括经济发展水平、人力资本水平、对外开放水平和政府支持力度。

1. 经济发展水平。区域金融产业的发展与集聚依赖于实体经济的发展。从世界金融中心的发展历史来看，无论是市场主导型的金融中心还是政府主导型的金融中心，其形成和发展都离不开实体经济的支撑。例如，伦敦金融业的发展和金融中心的形成依赖于第一次世界大战以前英国强大的经济实力，纽约成为全球性国际金融中心主要是因为第二次世界大战后美国经济的迅速崛起，东京则是在 20 世纪 80 年代后日本快速发展的经济推动下成为金融中心。较大的经济规模和持续稳定的经济增长产生巨大的金融需求和供给是促使金融业发展的强大动力，生产力的发展推动着金融业的不断发展。理论上来看，经济水平越高的区域，其金融发展水平与集聚水平也相应较高。本书使用各区域人均地区生产总值与全国人均 GDP 之比来表示各区域的经济发展水平，记作 gdpa。

2. 人力资本水平。金融业属知识密集型产业，金融业的发展需要各种类型的高素质人才，例如，深谙国际惯例的、具备专业金融知识的、熟练掌握各类软件能进行金融数据处理与分析的、具有专业法律知识的人才，以及精通各类业务的复合型金融管理人才。高水平的人力资本是提高金融产品供给能力，提升金融企业创新能力，促进金融业发展的重要因素。金融机构倾向于集聚在人力资本水平高、人才储备充足的区域，人力资本水平是影响区域金融集聚的重要因素之一。本书使用各区域金融业人均收入与全国金融业人均收入之比来衡量人力资本水平，记作 hcap。

3. 对外开放水平。开放水平高的经济中心城市具有先进的信息化水平和完善的基础设施，信息共享水平较高，有利于形成信息腹地。跨国公司为了获得低成本的信息，在选址时通常会将总部设立于开放水平高的经济中心城市，而金融机构由于其客户追随的特性，也倾向于选址于其主要客户总公司的附近，以获得高水平的金融服务需求。因此，开放程度越高的区域，金融集聚水平越高。本书使用各区域进出口总额与 GDP 之比和全国进出口总额与 GDP 之比的比值来反映各区域对外开放水平，记作 port。

4. 政府支持力度。国外金融中心的形成历史表明，政府行为是影响金融集聚与金融中心建设的重要因素之一。政府通过各种调控措施促进区域金融集聚的发展，例如，政府实行奖励措施和优惠政策吸引金融机构将总部设于当地，扩大金融集聚的规模。政府对金融法规不断完善，加强金融监管，防范金融风险，促进金融业持续稳定的发展。政府通过金融人才的引进和培养为金融集聚和金融中心建设提供必要的人才储备。从我国的情况来看，金融业的发展对政府政策的依赖性较强，政府的支持对区域金融集聚与金融中心的建设具有重要影响。本书使用地方政府财政支出与 GDP 之比和全国政府财政支出与 GDP 之比的比值与来衡量地方政府对金融发展的作用力，记作 exp。

二　数据来源及处理

本书的研究样本是我国 31 个省级区域（除香港、澳门、台湾省外）的数据，数据来源于历年的《中国统计年鉴》《中国金融年鉴》《中国区域金融运行报告》。对 31 个省级区域的各变量进行描述性统计，结果如表 5—1 所示。

表 5—1　　　　　　　　　　变量描述性统计

变量名称	观察值个数	最小值	最大值	均值	标准差
金融业区位熵	155	0.3127	3.5361	0.9287	0.5592

变量名称	观察值个数	最小值	最大值	均值	标准差
经济发展水平	155	0.3750	3.5086	1.1030	0.6510
人力资本水平	155	0.5034	2.5083	0.9200	0.4353
对外开放水平	155	0.0890	3.1285	0.6433	0.7317
政府支持力度	155	0.0837	1.0859	0.2135	0.1523

首先检验了 2006 年至 2012 年金融业区位熵的全局空间相关性，检验结果如表5—2所示。金融业区位熵具有空间相关性，因此在建立模型时需考虑空间因素，利用空间面板模型进行分析。

表5—2　　　　2006—2012 年金融业区位熵的全局 Moran's I 指数

年份	Moran's I 指数	Z 得分	P 概率
2006	0.1037	1.4647	0.077
2007	0.1279	1.6056	0.073
2008	0.1454	1.8589	0.040
2009	0.1602	1.8651	0.041
2010	0.1814	2.0555	0.032
2011	0.1902	2.0420	0.033
2012	0.1846	2.1097	0.024

三　实证过程与结果

固定效应的空间自相关面板模型（SAR panel）：

$$\ln LQ_{it} = \alpha_0 + \rho\ (I_T \otimes W_N)\ \ln LQ_{it} + \alpha_1 gdpa_{it} + \alpha_2 hcap_{it} + \beta_1 \ln port_{it} +$$
$$\beta_2 \exp_{it} + \varepsilon_{it} \tag{5.15}$$

固定效应的空间误差面板模型（SEM panel）：

$$\ln LQ_{it} = \alpha_0 + \alpha_1 gdpa_{it} + \alpha_2 hcap_{it} + \beta_1 port_{it} + \beta_2 \exp_{it} + \xi_{it}$$
$$\xi_{it} = \lambda_{it}(I_T \otimes W_N)\ \xi_{it} + \varepsilon_{it} \tag{5.16}$$

式 5.15 与式 5.16 中，误差项 $\varepsilon_{it} = \eta_i + \delta_t + v_{it}$。其中，$\eta_i$ 是区域 i 的特定固定效应，即空间固定效应，代表随区域变化、但不随时间变化的随机变量对均值水平的影响，比如，各个地区的资源禀赋；δ_t 是第 t 年的时间固定效应，代表随时间变化、但不随地理位置变化的随机变量对均值水平的影响，比如，国家政策等；v_{it} 为随机误差项向量。由于样本是全部总体，我们选择固定效应模型建模，使用 Matlab 空间计量工具箱 Spatial Econometrics Toolbox 对模型进行估计与检验。此处采用的模型为具有时空固定效应的空间误差面板模型，模型估计结果表 5—3 所示。

表 5—3　　　　　时空固定效应 SEM Panel 模型估计结果

变量	回归系数	T 值	P 值
gdpa	0.247164	2.312507	0.020750
hcap	0.484334	2.666816	0.007657
port	0.308998	2.914672	0.003561
exp	0.413275	4.577548	0.000005
spat. aut.	0.1980	1.977499	0.047985
R^2	0.9570		
σ^2	0.0134		
log-likelihood	113.3787		

表 5—4 列出了时空固定效应 SEM Panel 模型中各省级区域的空间固定效应 η_i，这些固定效应体现在没有被纳入模型的其他因素对不同地区金融集聚的影响。

表 5—4　　时空固定效应 SEM Panel 模型下各地区空间固定效应 η_i

地区	η_i	地区	η_i	地区	η_i	地区	η_i
北京	1.1283	上海	0.4629	湖北	0.1808	云南	0.0879
天津	0.0682	江苏	0.2194	湖南	0.0403	西藏	-2.2898

地区	η_i	地区	η_i	地区	η_i	地区	η_i
河北	0.1165	浙 江	0.5119	广 东	0.2194	陕 西	0.0276
山西	0.1428	安 徽	- 0.0115	广 西	0.0050	甘 肃	- 0.2986
内蒙古	- 0.2487	福 建	0.2423	海 南	- 0.2395	青 海	- 0.4116
辽宁	- 0.0816	江 西	- 0.1300	重 庆	0.2341	宁 夏	0.2008
吉林	- 0.1357	山 东	0.1186	四 川	0.0905	新 疆	- 0.0067
黑龙江	- 0.2253	河 南	- 0.0025	贵 州	- 0.0157		

表 5—5 列出了时空固定效应 SEM Panel 模型中各个年份的时间固定效应。

表 5—5 时空固定效应 SEM Panel 模型下各年份的时间固定效应 δ_t

年份	2006	2007	2008	2009	2010
δ_t	0.0072	- 0.0331	- 0.0317	0.0359	0.0218

四 估计结果分析

以上模型估计结果显示，方程调整的 R^2 为 0.9570，拟合效果较好。下面将对模型的估计结果进行进一步说明，并分析其中的经济含义。

1. 省级区域金融集聚具有空间溢出效应

在我们空间面板模型中，反映空间效应的系数 λ 值大于 0，且在 5% 的水平显著，说明模型中未考虑的其他因素对周边地区具有较强的扩散效应。一个地区的金融集聚会对其周边区域产生外溢效应。金融集聚水平高的地区，会带动周边地区的金融业发展，促进周边地区的金融业集聚。

2. 各个因素对区域金融集聚的影响

从模型估计结果来看，经济发展水平、人力资本水平、对外开放水平和政府支持力度的系数均显著为正，说明这些因素对区域金融集聚都具有显著的正向影响。由于各个地区在经济发展水平、人力资本水平、对外开放水平和政府支持力度都存在较大差异，金融集聚水平也呈现出空间异质性，地区可以通过加快经济发展、提高人力资本水平、加强对外开放和政府对金融业发展的支持来促进本地区的金融业集聚。

3. 固定效应分析

各地区的空间固定效应 η_i 存在较大的差异性。北京的空间固定效应在所有地区中居于首位，浙江、上海、广东、江苏、福建等东部地区的固定效应也较高。中部地区湖北的固定效应最高，安徽的固定效应最低。西部与东北部地区固定效应多数为负值。整体来看，固定效应东部地区较高、中西部及东北部地区偏低。时间固定效应在 2006 年为 0.0072，2007 年和 2008 年下降为负值，2009 年和 2010 年回升至 0.0359 和 0.0218，呈现不断波动并不断增加的变化趋势，说明各地区金融集聚水平随时间的推移不断提高。

第六章

金融集聚发展趋势的动态预测

本章将利用灰色系统理论对我国金融集聚发展趋势进行动态预测。

第一节 灰色预测的基本原理

一 灰色系统与灰色系统理论

灰色系统理论是由邓聚龙教授在 1982 年创立的不确定性系统理论，这一理论自提出以来就受到国内外学者的关注和肯定，在众多的科学领域中取得了成功的应用。灰色系统理论与 20 世纪 60 年代扎德（Zadeh）创立的模糊数学、80 年代拍夫拉克创立的粗糙集理论是目前最为活跃的不确定性系统理论。

在控制论中，信息的明确程度常常用颜色来形容，例如，艾什比（Asbby）用"黑箱"来形容内部信息未知的对象，信息未知的系统被称为黑色系统。相对地，信息完全明确的系统常被称为白色系统。介于两者之间的部分信息已知，部分信息未知的系统被称为灰色系统。这种部分信息已知、部分信息未知的"小样本""贫信息"的不确定性系统正是灰色系统理论的研究对象。

灰色系统的基本特征即为信息不完全。无论是自然系统还是社会系统，宏观系统还是微观系统，由于经济技术条件的制约、系统本身的不断演化和人类自身认知能力的有限，人们往往得到的是不完全信息。这种信息不完全通常表现为参数信息的不完全、结构信息的不完全、边界信息的不完全和运行行为信息的不完全。一般的社会经济系统，由于"内""外"关系不明确，系统本身与系统环境的作用机制不明确，导致很难精确衡量系统的输出。例如，对于金融机构集聚，虽然经济基础、人力资本、对外开放、政府支持这些因素能够促进金融集聚的形成，但是金融政策、政治风云和国际市场变化对金融集聚发展的影响却没有确切的信息，因此难以对金融集聚的水平进行精确的预测。

灰色系统理论通过充分地开发利用现有的、少量的信息，去了解、认识不完全信息系统，通过寻找变量之间或者变量自身的数学关系和变化规律实现对系统运行行为和演化规律的正确把握和描述。灰色系统模型的特点是对实验观测数据及其分布没有特殊的要求和限制，是一种十分简便的新理论，具有宽广的应用领域。

灰色系统理论经过二十多年的发展，现已基本建立起集系统分析、评估、建模、预测、决策、控制、优化技术于一体的一门新兴学科的结构体系。其主要内容包括以灰色代数系统、灰色方程、灰色矩阵等为基础的理论体系；以序列算子和灰色序列生成为基础的方法体系；以灰色关联空间和灰色聚类评估为依托的分析、评价模型体系；以 GM(1, 1)为核心的预测模型体系；以多目标智能灰靶决策为标志的决策模型体系；以多方法融合创新为特色的灰色组合模型体系以及以灰色规划、灰色投入产出、灰色博弈、灰色控制为主体的优化模型体系。本章将采用灰色系统模型 GM(1, 1)来进行预测分析。[①]

---

① 刘思峰、郭天榜等：《灰色系统理论及其应用》，科学出版社 1999 年版。

二 灰色预测模型

(一) 灰色序列的生成

灰色系统是通过对原始数据的挖掘、整理来寻求其变化规律，这是一种就数据寻找数据现实规律的途径，称为灰色序列的生成。灰色系统理论认为，表象复杂、数据凌乱的客观系统其内在必然蕴含着某种规律。一切灰色序列都可以通过某种生成弱化其随机性，显现其规律性。因此，在建立灰色预测模型之前，通常需要通过序列算子对数据进行预处理。

累加生成算子是最为常用也最为重要的生成算子，通过累加可以显示变量的发展态势和规律。

定义 1 设 $X^{(0)} = (x^{(0)}(1), x^{(0)}(2), \cdots, x^{(0)}(n))$ 为原始序列，D 为序列算子：

$$X^{(0)}D = (x^{(0)}(1)d, x^{(0)}(2)d, \cdots, x^{(0)}(n)d) \quad (6.1)$$

其中，

$$x^{(0)}(k)d = \sum_{i=1}^{k} x^{(0)}(i), k = 1, 2, \cdots, n \quad (6.2)$$

则称 D 为 $X^{(0)}$ 的一次累加生成算子，记为 1 – AGO (accumulating generation operator)，称 r 阶算子 D^r 为 $X^{(0)}$ 的 r 阶累加生成算子，记为 r – AGO。

一般地，记

$$X^{(0)}D = (x^{(1)}(1), x^{(1)}(2), \cdots, x^{(1)}(n)) \quad (6.3)$$

$$X^{(0)}D^r = (x^{(r)}(1), x^{(r)}(2), \cdots, x^{(r)}(n)) \quad (6.4)$$

其中，

$$x^{(r)}(k) = \sum_{i=1}^{k} x^{(r-1)}(i), k = 1, 2, \cdots, n \quad (6.5)$$

定义 2 设 $X^{(0)} = (x^{(0)}(1), x^{(0)}(2), \cdots, x^{(0)}(n))$ 为原始序列，D 为序列算子：

$$X^{(0)} D = (x^{(0)}(1)d, \ x^{(0)}(2)d, \ \cdots, \ x^{(0)}(n)d) \qquad (6.6)$$

其中,

$$x^{(0)}(k) \ d = x^{(0)}(k) - x^{(0)}(k-1), \ k = 2, \ \cdots, \ n \qquad (6.7)$$

则称 D 为 $X^{(0)}$ 的一次累减生成算子,记为 1 – IAGO,称 r 阶算子 D^r 为 $X^{(0)}$ 的 r 阶累减生成算子,记为 r – IAGO。

一般地,记

$$X^{(0)} D = \alpha^{(1)} X^{(0)} = (\alpha^{(1)} x^{(0)}(2), \ \alpha^{(1)} x^{(0)}(3), \ \cdots, \ \alpha^{(1)} x^{(0)}(n))$$
$$(6.8)$$

$$X^{(0)} D = \alpha^{(r)} X^{(0)} = (\alpha^{(r)} x^{(0)}(2), \ \alpha^{(r)} x^{(0)}(3), \ \cdots, \ \alpha^{(r)} x^{(0)}(n))$$
$$(6.9)$$

其中,

$$\alpha^{(r)} x^{(0)}(k) = \alpha^{(r-1)} x^{(0)}(k) - \alpha^{(r-1)} x^{(0)}(k-1),$$
$$k = 1, 2, \cdots, n \qquad (6.10)$$

累减生成过程是在获取增量信息时常用的生成,累减生成与累加生成是一对互逆的序列算子。

(二) GM(1, 1) 模型

设 $X^{(0)} = (x^{(0)}(1), \ x^{(0)}(2), \ \cdots x^{(0)}(n))$ 为原始序列,$X^{(1)} = (x^{(1)}(1), \ x^{(1)}(2), \ \cdots, \ x^{(1)}(n))$ 为其一次累加序列,其中

$$x^{(1)}(k) = \sum_{i=1}^{k} x^{(0)}(i), k = 1, 2, \cdots, n \qquad (6.11)$$

$Z^{(1)}$ 为 $X^{(1)}$ 的紧邻均值生成序列

$$Z^{(1)} = (z^{(1)}(2), \ z^{(1)}(3), \ \cdots, \ z^{(1)}(n)) \qquad (6.12)$$

其中

$$z^{(1)}(k) = \frac{1}{2} x^{(1)}(k) + \frac{1}{2} x^{(1)}(k-1), \ k = 2, \ \cdots, \ n \qquad (6.13)$$

称

$$x^{(0)}(k) + az^{(1)}(k) = b \qquad (6.14)$$

为 GM(1, 1) 模型的基本形式。

若 $\hat{a} = (a, b)^T$ 为参数列，则 $\hat{a}$ 的最小二乘估计为

$$\hat{a} = (B^T B)^{-1} B^T Y \tag{6.15}$$

其中

$$B = \begin{pmatrix} -z^{(1)}(2) & 1 \\ -z^{(1)}(3) & 1 \\ \vdots & \vdots \\ -z^{(1)}(n) & 1 \end{pmatrix}, \quad Y = \begin{pmatrix} x^{(0)}(2) \\ x^{(0)}(3) \\ \vdots \\ x^{(0)}(n) \end{pmatrix} \tag{6.16}$$

称

$$\frac{dx^{(1)}}{dt} + ax^{(1)} = b \tag{6.17}$$

为 GM（1，1）模型的白化方程，也叫影子方程。

定理 B，Y，$\hat{a}$ 如上所述，$\hat{a} = (B^T B)^{-1} B^T Y$，则

（1）白化方程 $\dfrac{dx^{(1)}}{dt} + ax^{(1)} = b$ 的解也称为时间响应函数：

$$x^{(1)}(t) = \left(x^{(1)}(1) - \frac{b}{a}\right) e^{-at} + \frac{b}{a} \tag{6.18}$$

（2）GM（1，1）模型 $x^{(0)}(k) + az^{(1)}(k) = b$ 的时间响应序列为

$$x^{(1)}(k+1) = \left(x^{(0)}(1) - \frac{b}{a}\right) e^{-ak} + \frac{b}{a}, \quad k = 1, 2, \cdots, n \tag{6.19}$$

（3）还原值

$$\tilde{x}^{(0)}(k+1) = x^{(1)}(k+1) - x^{(1)}(k)$$

$$= (1 - e^a)\left(x^{(0)}(1) - \frac{b}{a}\right) e^{-ak}, \quad k = 1, 2, \cdots, n \tag{6.20}$$

（三）GM（1，1）模型的检验

GM（1，1）模型常用的检验方法有残差检验、关联度检验和后验差检验。

（1）残差检验

残差检验是通过模拟值相对于真实值的偏离程度来检验模型的精度。

假设原始序列和模拟序列分别为

$$X^{(0)} = (x^{(0)}(1), x^{(0)}(2), \cdots, x^{(0)}(n)) \tag{6.21}$$

$$\hat{X}^{(0)} = (\hat{x}^{(0)}(1), \hat{x}^{(0)}(2), \cdots, \hat{x}^{(0)}(n)) \tag{6.22}$$

残差序列为

$$\varepsilon^{(0)} = (\varepsilon^{(0)}(1), \varepsilon^{(0)}(2), \cdots, \varepsilon^{(0)}(n)) \tag{6.23}$$

其中

$$\varepsilon^{(0)}(i) = |x^{(0)}(i) - \hat{x}^{(0)}(i)|, \quad i = 1, 2, \cdots, n \tag{6.24}$$

计算相对残差序列

$$\Delta^{(0)} = (\Delta^{(0)}(1), \Delta^{(0)}(2), \cdots, \Delta^{(0)}(n)) \tag{6.25}$$

其中

$$\Delta^{(0)}(i) = \frac{|\varepsilon^{(0)}(i)|}{x^{(0)}(i)}, \quad i = 1, 2, \cdots, n \tag{6.26}$$

则平均相对误差

$$\Delta = \frac{1}{n} \sum_{i=1}^{n} \Delta^{(0)}(i) \tag{6.27}$$

平均相对误差越小，模型的精度越高。

（2）关联度检验

关联度检验通过模型模拟值与原始序列的关联度来衡量模型的精度，关联度越大，模拟效果越好，从而模型精度越高。

假设原始序列和模拟序列分别为

$$X^{(0)} = (x^{(0)}(1), x^{(0)}(2), \cdots, x^{(0)}(n)) \tag{6.28}$$

$$\hat{X}^{(0)} = (\hat{x}^{(0)}(1), \hat{x}^{(0)}(2), \cdots, \hat{x}^{(0)}(n)) \tag{6.29}$$

首先计算两序列的关联系数

$$\xi_i = \frac{\min_i | x^{(0)}(i) - \hat{x}^{(0)}(i) | + 0.5 \max_i | x^{(0)}(i) - \hat{x}^{(0)}(n)}{| X^{(0)}(i) - \hat{x}^{(0)}(i) | + 0.5 \max_i | x^{(0)}(i) - \hat{x}^{(0)}(i) |}$$

$$(6.30)$$

则两序列的关联度为

$$\xi = \frac{1}{n} \sum_{i=1}^{n} \xi_i \qquad (6.31)$$

一般来说，当 $\xi \geqslant 0.6$ 时，模型的精度较高。

（3）后验差检验

后验差检验通过计算残差序列与原始序列的均方差之比以及小残差概率来衡量模型模拟的精度。

原始序列的算术平均值和均方差分别为

$$\overline{x}^{(0)} = \frac{1}{n} \sum_{i=1}^{n} x^{(0)}(i) \qquad (6.32)$$

$$S_1 = \left(\frac{\sum_{i=1}^{n} \left[x^{(0)}(i) - \overline{x}^{(0)} \right]^2}{n-1} \right)^{\frac{1}{2}} \qquad (6.33)$$

残差序列的算术平均值和均方差分别为

$$\overline{\varepsilon}^{(0)} = \frac{1}{n} \sum_{i=1}^{n} \varepsilon^0(i) \qquad (6.34)$$

$$S_2 = \left(\frac{\sum_{i=1}^{n} \left[\varepsilon^{(0)}(i) - \overline{\varepsilon}^{(0)} \right]^2}{n-1} \right)^{\frac{1}{2}} \qquad (6.35)$$

后验差比值为残差序列与原始序列的均方差之比

$$C = \frac{S_2}{S_1} \qquad (6.36)$$

小误差概率

$$P = P \left\{ | \varepsilon^{(0)}(i) - \overline{\varepsilon}^{(0)} | < 0.6745 S_1 \right\} \qquad (6.37)$$

均方差比值越小，小误差概率越大，模型的模拟精度越高。

在应用三种检验方法进行检验时，常参照表6—1列出的阈值来确定模型模拟精度的等级。

表 6—1　　　　　　　　　　　　模拟精度等级参照

精度等级	相对误差	关联度	均方差比值	小误差概率
一级	0.01	0.90	0.35	0.95
二级	0.05	0.80	0.50	0.80
三级	0.10	0.70	0.65	0.70
四级	0.20	0.60	0.80	0.60

第二节　集中度指数与基尼系数的预测

一　存款集中度、贷款集中度与基尼系数的灰色预测

本节将利用灰色预测模型对反映我国金融业整体集聚水平的存款五省集中度、贷款五省集中度以及基尼系数进行预测。将 2001 年至 2011 年的存款五省集中度、贷款五省集中度以及基尼系数构成的序列作为原始序列，分别记作 $X_1^{(0)}$、$X_2^{(0)}$、$X_3^{(0)}$，相应的 1 - GAO 序列记作 $X_1^{(1)}$、$X_2^{(1)}$、$X_3^{(1)}$。

表 6—2　·　　　　　　　　　原始序列及一次累加序列

年份	$X_1^{(0)}$	$X_1^{(1)}$	$X_2^{(0)}$	$X_2^{(1)}$	$X_3^{(0)}$	$X_3^{(1)}$
2001	43.45	43.45	38.25	38.25	0.1530	0.1530
2002	45.55	89.00	40.46	78.71	0.1650	0.3180
2003	46.76	135.76	43.19	121.90	0.1704	0.4884
2004	44.97	180.73	43.64	165.54	0.1650	0.6534
2005	46.49	227.22	43.79	209.33	0.1810	0.8344

续表

年份	$X_1^{(0)}$	$X_1^{(1)}$	$X_2^{(0)}$	$X_2^{(1)}$	$X_3^{(0)}$	$X_3^{(1)}$
2006	46.32	273.54	43.84	253.17	0.1762	1.0106
2007	46.44	319.98	44.23	297.40	0.1788	1.1894
2008	45.50	365.48	43.99	341.39	0.1874	1.3768
2009	45.19	410.67	44.13	385.52	0.1948	1.5716
2010	45.52	456.19	43.31	428.83	0.1945	1.7661
2011	44.02	500.21	42.56	471.39	0.1946	1.9607

对 1 – GAO 序列记作 $X_1^{(1)}$、$X_2^{(1)}$、$X_3^{(1)}$ 分别建立 GM （1，1）模型：

$$\frac{dx^{(1)}}{dt} + ax^{(1)} = b \qquad (6.38)$$

模型的参数估计及检验结果如表 6—3 所示。

表6—3　　　　　　　　模型的参数估计及模型的检验

		模型一	模型二	模型三
参数	$\hat{a}$	0.0032	− 0.0032	− 0.0203
	$\hat{b}$	46.5457	42.5060	0.1599
模拟值	2001	43.45	38.25	0.1530
	2002	46.33	42.70	0.1647
	2003	46.19	42.83	0.1681
	2004	46.04	42.97	0.1715
	2005	45.89	43.11	0.1750
	2006	45.75	43.24	0.1786
	2007	45.60	43.38	0.1823
	2008	45.46	43.52	0.1860
	2009	45.31	43.66	0.1899
	2010	45.17	43.80	0.1937
	2011	45.02	43.94	0.1977

续表

		模型一	模型二	模型三
相对残差	2001	0.0000	0.0000	0.0000
	2002	0.0172	0.0553	0.0018
	2003	0.0123	0.0083	0.0136
	2004	0.0238	0.0154	0.0395
	2005	0.0128	0.0156	0.0329
	2006	0.0124	0.0136	0.0138
	2007	0.0181	0.0192	0.0196
	2008	0.0010	0.0107	0.0073
	2009	0.0027	0.0107	0.0254
	2010	0.0077	0.0113	0.0039
	2011	0.0228	0.0324	0.0160
模型检验	相对误差	0.0119	0.0175	0.0158
	关联度	0.70	0.77	0.62
	均方差比值	0.65	0.53	0.27
	小误差概率	0.64	0.82	1.00

存款五省集中度、贷款五省集中度以及基尼系数的预测模型分别为：

$$\frac{dx_1^{(1)}}{dt} + 0.0032x_1^{(1)} = 46.5457$$

$$\frac{dx_2^{(1)}}{dt} - 0.0032x_2^{(1)} = 42.5060$$

$$\frac{dx_3^{(1)}}{dt} - 0.0203x_1^{(1)} = 0.1599$$

相应的时间响应函数为：

$$x_1^{(1)}(k+1) = -14502.0813e^{-0.0032k} + 14545.5313$$

$$x_2^{(1)}(k+1) = 13321.3750e^{0.0032k} - 13283.1250$$

$$x_3^{(1)}(k+1) = 8.0298e^{0.0203k} - 7.8768$$

$$\hat{x}^{(0)}(k+1) = \hat{x}^{(1)}(k+1) - \hat{x}^{(1)}(k), \ k = 0, 1, 2, \cdots, n-1$$

从平均相对误差来看，三个模型的平均相对误差介于 0.01 与 0.05 之间，模型精度均为二级。从关联度来看，模型一与模型二的关联度介于 0.70 与 0.80 之间，模型精度均为三级，模型三的关联度介于 0.60 与 0.70 之间，精度为四级。从均方差比值来看，模型一、模型二精度为三级，模型三精度为一级。从小误差概率来看，模型一精度为四级，模型二精度为二级，模型三精度为一级。因此，可用三个模型进行预测，预测结果如表6—4。

表6—4 模型的预测值

年份	$\hat{X}_1^{(0)}$	$\hat{X}_2^{(0)}$	$\hat{X}_3^{(0)}$
2012	44.88	44.08	0.2018
2013	44.74	44.22	0.2059
2014	44.60	44.36	0.2101
2015	44.45	44.50	0.2145
2016	44.31	44.64	0.2188
2017	44.17	44.79	0.2233
2018	44.03	44.93	0.2279
2019	43.89	45.07	0.2326
2020	43.75	45.22	0.2374

二 我国整体金融集聚水平的趋势分析

从预测的结果来看，基尼系数在今后仍呈增加趋势，在 2020 年该指数将达到 0.2347，与 2011 年相比增加了 22%，年均增长速度为 2.4%，这表明我国金融集聚整体水平将进一步加剧。从金融资源的地区分布来看，存款余额五省集中度在 2012 年达到 44.88% 后将呈逐年递减趋势，但变化幅度不大，该指标一直稳定在 44% 左右。贷款余额五省集中度虽然在 2011 年有所回落，但在今后依然表现出逐年递增的趋势，在 2020 年该指标将达到 45.22%。总体来看，东部五省由于其经济外向性仍占据将近一半的金融资源，金融资源的集聚水平较高。

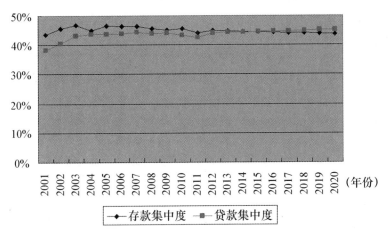

图6—1 2001—2020年存贷款集中度预测

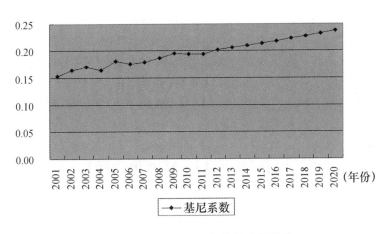

图6—2 2001—2020年基尼系数预测

第三节 省级区域金融集聚水平的动态预测

一 省级区域金融业增加值占地区生产总值的灰色预测

省级区域金融业增加值占地区生产总值比重与区位熵指标正相

关，因此，有些文献也利用该指标来反映区域金融业发展和集聚水平。本节将利用灰色预测模型，对我国 31 个省级区域的 2012 年至 2020 年的金融产业增加值占地区生产总值比重进行预测。下面以上海市 2006 年至 2011 年的金融业增加值占地区生产总值比重为例，预测上海市 2012 年至 2020 年的金融业增加值占地区生产总值的比重。

（一）上海市 2012 年至 2020 年金融业增加值占地区生产总值比重预测

表 6—5　　上海市 2006—2011 年金融业增加值占地区生产总值比例

年份	2006	2007	2008	2009	2010	2011
金融业增加值占地区生产总值比重	0.0796	0.0992	0.1053	0.1199	0.1137	0.1186

记 $X = (x(1), x(2), x(3), x(4), x(5), x(6)) = (0.0796, 0.0092, 0.1053, 0.1199, 0.1137, 0.1186)$

引入弱化算子 D：

$XD = (x(1)d, x(2)d, x(3)d, x(4)d, x(5)d, x(6)d)$

其中，

$$x(k)d = \frac{1}{6-k+1}[x(k)+x(k+1)+\cdots+x(6)],$$

$k = 1, 2, \cdots, 6)$

于是，

$XD = (0.1061, 0.1113, 0.1143, 0.1174, 0.1161, 0.1186)$

记 $X^{(0)} = [x^{(0)}(1), x^{(0)}(2), x^{(0)}(3), x^{(0)}(4), x^{(0)}(5), x^{(0)}(6)] = (0.1061, 0.1113, 0.1143, 0.1174, 0.1161, 0.1186)$

构造累加 1 – AGO 序列

$X^{(1)} = (0.1061, 0.2174, 0.3318, 0.4492, 0.5653, 0.6839)$

数据矩阵 B 与向量 Y_n 为

$$B = \begin{pmatrix} -z^{(1)}(2) & 1 \\ -z^{(1)}(3) & 1 \\ \vdots & \vdots \\ -z^{(1)}(n) & 1 \end{pmatrix} = \begin{pmatrix} -0.1617 & 1 \\ -0.2746 & 1 \\ -0.3905 & 1 \\ -0.5072 & 1 \\ -0.6246 & 1 \end{pmatrix}$$

$$Y = \begin{pmatrix} x^{(0)}(2) \\ x^{(0)}(3) \\ \vdots \\ x^{(0)}(6) \end{pmatrix} = \begin{pmatrix} 0.1113 \\ 0.1143 \\ 0.1174 \\ 0.1161 \\ 0.1186 \end{pmatrix}$$

参数向量的估计值为

$$\hat{a} = (B^T B)^{-1} B^T Y = \begin{pmatrix} -0.0140 \\ 0.1101 \end{pmatrix}$$

因此，预测模型为

$$\frac{dx^{(1)}}{dt} - 0.0140 x^{(1)} = 0.1101$$

其时间响应函数为

$$x_1^{(1)}(k+1) = \left(x^{(0)}(1) - \frac{b}{a} \right) e^{-ak} + \frac{b}{a} = 7.9704 e^{0.0140k} - 7.8643$$

$$\hat{x}^{(0)}(k+1) = \hat{x}^{(1)}(k+1) - \hat{x}^{(1)}(k), \quad k = 0, 1, 2, \cdots, 5$$

下面对模型进行检验：

（1）残差检验

根据时间响应函数，计算模拟序列

$$\hat{X}^{(0)} = (0.1061, 0.1124, 0.1139, 0.1155, 0.1172, 0.1188)$$

则绝对残差序列：

$$\varepsilon^{(0)} = (0.0000, 0.0010, 0.0004, 0.0019, 0.0011, 0.0002)$$

相对残差序列：

$$\Delta^{(0)} = (0.0000\%, 0.9087\%, 0.3877\%, 1.5857\%, 0.9196\%,$$

0. 1831%）

平均相对残差：

$$\Delta = \frac{1}{6} \sum_{i=1}^{6} \Delta^{(0)}(i) = 0.6641\%$$

平均相对残差小于 1%，模型精度为一级。

（2）关联度检验

$|x^{(0)}(i) - \hat{x}^{(0)}(i)| = (0, 0.0010, 0.0004, 0.0019, 0.0011,$
$0.0002)$

$$\max_{i} |x^{(0)}(i) - \hat{x}^{(0)}(i)| = 0.0019$$

$$\min_{i} |x^{(0)}(i) - \hat{x}^{(0)}(i)| = 0$$

关联系数

$$\xi_i = \frac{\min_i |x^{(0)}(i) - \hat{x}^{(0)}(i)| + 0.5 \max_i |x^{(0)}(i) - \hat{x}^{(0)}(i)|}{|x^{(0)}(i) - \hat{x}^{(0)}(i)| + 0.5 \max_i |x^{(0)}(i) - \hat{x}^{(0)}(i)|},$$

$i = 1, 2, \cdots, n$

$\xi = (\xi_1, \xi_2, \cdots, \xi_6) = (1, 0.4872, 0.7037, 0.3333, 0.4634,$
$0.8261)$

因此，关联系数

$$\xi = \frac{1}{n} \sum_{i=1}^{n} \xi_i = 0.6356$$

关联系数大于 0. 60，模型精度为四级。

（3）后验差检验

原始序列的均方差为

$$S_1 = \left(\frac{\sum_{i=1}^{n} [x^{(0)}(i) - \bar{x}^{(0)}]^2}{n-1} \right)^{\frac{1}{2}} = 0.0046$$

残差序列的均方差为

$$S_2 = \left(\frac{\sum_{i=1}^{n} [\varepsilon^{(0)}(i) - \bar{\varepsilon}^{(0)}]^2}{n-1} \right)^{\frac{1}{2}} = 0.0011$$

因此，原始序列和残差序列的均方差比值为

$$C = \frac{S_2}{S_1} = 0.2337$$

均方差比值小于 0.35，模型精度为一级。

小残差概率为

$$P = P\left\{\mid \varepsilon^{(0)}(i) - \overline{\varepsilon}^{(0)} \mid < 0.6745 S_1\right\}$$

其中

$$0.6745 S_1 = 0.0031$$

$\mid \varepsilon^{(0)} - \overline{\varepsilon}^{(0)} \mid = (0.0008, 0.0002, 0.0004, 0.0011, 0.0003, 0.0006)$

因此，

$$P = P\left\{\mid \varepsilon^{(0)}(i) - \overline{\varepsilon}^{(0)} \mid < 0.6745 S_1\right\} = 1$$

小误差概率大于 0.95，模型精度为一级。

综上所述，残差检验、均方差检验、小误差检验为一级，关联度检验为四级，故可用

$$x_1^{(1)}(k+1) = \left(x^{(0)}(1) - \frac{b}{a}\right) e^{-ak} + \frac{b}{a} = 7.9704 e^{0.0140k} - 7.8643$$

$$\hat{x}^{(0)}(k+1) = \hat{x}^{(1)}(k+1) - \hat{x}^{(1)}(k), \quad k = 0, 1, 2, \cdots, 5$$

进行预测。利用该时间响应函数预测上海市 2012 年至 2020 年金融业增加值占地区生产总值比重如下：

$$\hat{X}^{(0)} = (x^{(0)}(7), x^{(0)}(8), \cdots, x^{(0)}(15)) = (0.1205, 0.1222, 0.1239, 0.1257, 0.1274, 0.1292, 0.1310, 0.1329)$$

从预测结果可以看出，上海市金融业增加值占地区生产总值比重将呈上升趋势，这一指标将在 2015 年达到 12.74%，在 2020 年达到 13.47%。这表明，上海金融集聚水平将不断提高，上海建设国际金融中心的规划将取得新的进展。

（二）省级区域 2012 年至 2020 年金融业增加值占地区生产总值比重的灰色预测

采用对上海市 2012 年至 2020 年金融业增加值占地区生产总值比重的预测方法和步骤，也对其他 30 个省级区域 2012 年至 2020 年金融业增加值占地区生产总值比重进行预测。需要说明的是，有些地区金融业增加值占地区生产总值的比重较小，在一开始表现出较快的增长速度，例如，海南金融业增加值占地区生产总值比重在 2007 年为 1.83%，在 2008 年快速增长为 3.97%，但是当其增长到一定水平时很难维持这种快速增长的趋势。因此，在建立模型之前需要利用弱化算子弱化序列的增长趋势，在一阶弱化仍未达到较好的模拟效果时，对序列进行更高阶的弱化。

31 个省级地区 2012 年至 2020 年金融业增加值占地区生产总值比重的灰色模型的估计结果以及检验结果如表 6—6 所示，从平均相对误差检验值可以看出模型的精度为一级或二级，可以利用响应的时间响应函数对今后的金融业增加值占地区生产总值的比重进行预测。

表6—6

省级区域2012—2020年金融业增加值占地区生产总值比重预测

区域	a	b	平均相对误差（%）	2012	2013	2014	2015	2016	2017	2018	2019	2020
北　京	-0.0091	0.1293	0.1305	0.1372	0.1384	0.1397	0.1409	0.1422	0.1435	0.1448	0.1461	0.1475
天　津	-0.0235	0.0585	0.3540	0.0681	0.0697	0.0714	0.0731	0.0748	0.0766	0.0784	0.0803	0.0822
河　北	-0.0158	0.0282	0.7373	0.0312	0.0317	0.0322	0.0327	0.0333	0.0338	0.0343	0.0349	0.0354
山　西	-0.0070	0.0451	1.0251	0.0472	0.0476	0.0479	0.0482	0.0486	0.0489	0.0493	0.0496	0.0500
内蒙古	-0.0147	0.0289	0.2812	0.0318	0.0322	0.0327	0.0332	0.0337	0.0342	0.0347	0.0352	0.0357
辽　宁	-0.0182	0.0315	1.6749	0.0354	0.0361	0.0368	0.0374	0.0381	0.0388	0.0395	0.0403	0.0410
吉　林	0.2330	0.0224	0.4370	0.0193	0.0188	0.0184	0.0180	0.0176	0.0171	0.0168	0.0164	0.0160
黑龙江	-0.0133	0.0262	0.5627	0.0285	0.0289	0.0293	0.0297	0.0301	0.0305	0.0309	0.0313	0.0317
上　海	-0.0140	0.1101	0.6641	0.1205	0.1222	0.1239	0.1257	0.1274	0.1292	0.1310	0.1329	0.1347
江　苏	-0.0295	0.0446	1.9334	0.0536	0.0552	0.0569	0.0586	0.0603	0.0621	0.0640	0.0659	0.0679
浙　江	-0.0093	0.0808	0.4096	0.0858	0.0866	0.0874	0.0882	0.0890	0.0898	0.0907	0.0915	0.0924
安　徽	-0.0341	0.0280	2.1382	0.0349	0.0361	0.0374	0.0387	0.0400	0.0414	0.0428	0.0443	0.0459
福　建	-0.0004	0.0459	0.6235	0.0496	0.0496	0.0497	0.0497	0.0497	0.0497	0.0497	0.0498	0.0498
江　西	-0.0414	0.0243	0.0840	0.0318	0.0332	0.0346	0.0360	0.0375	0.0391	0.0408	0.0425	0.0443
山　东	-0.0124	0.0338	0.1672	0.0366	0.0371	0.0375	0.0380	0.0385	0.0390	0.0395	0.0399	0.0404

续表

区域	a	b	平均相对误差（%）	2012	2013	2014	2015	2016	2017	2018	2019	2020
河南	-0.0267	0.0280	0.3953	0.0333	0.0342	0.0351	0.0361	0.0370	0.0380	0.0391	0.0401	0.0412
湖北	0.0050	0.354	0.0934	0.0343	0.0341	0.0339	0.0338	0.0336	0.0334	0.0332	0.0331	0.0329
湖南	0.0120	0.0276	0.9455	0.0256	0.0253	0.0250	0.0247	0.0244	0.0241	0.0238	0.0235	0.0232
广东	-0.0256	0.0561	0.0037	0.0657	0.0674	0.0691	0.0709	0.0728	0.0747	0.0766	0.0786	0.0806
广西	-0.0011	0.0383	0.9233	0.0385	0.0386	0.0386	0.0387	0.0387	0.0387	0.0388	0.0388	0.0389
海南	-0.0132	0.0386	0.2914	0.0421	0.0427	0.0432	0.0438	0.0444	0.0450	0.0456	0.0462	0.0468
重庆	-0.0297	0.0600	0.3481	0.0728	0.0749	0.0772	0.0795	0.0819	0.0844	0.0869	0.0996	0.0923
四川	-0.0233	0.03600	0.5020	0.0419	0.0429	0.0439	0.0450	0.0460	0.0471	0.0482	0.0493	0.0505
贵州	-0.0119	0.0490	0.2495	0.0529	0.0535	0.0542	0.0548	0.0555	0.0562	0.0568	0.0575	0.0582
云南	-0.0029	0.0509	0.6253	0.0518	0.0520	0.0521	0.0523	0.0525	0.0526	0.0528	0.0529	0.0531
西藏	-0.0063	0.0510	0.5611	0.0531	0.0534	0.0537	0.0541	0.0544	0.0548	0.0551	0.0555	0.0558
陕西	0.0105	0.0370	0.7813	0.0346	0.0342	0.0338	0.0335	0.0331	0.0328	0.0324	0.0321	0.0318
甘肃	-0.0209	0.0255	0.4966	0.0292	0.0299	0.0305	0.0311	0.0318	0.0325	0.0331	0.0338	0.0346
青海	0.0058	0.0390	0.4491	0.0376	0.0374	0.0371	0.0369	0.0367	0.0365	0.0363	0.0361	0.0359
宁夏	-0.0171	0.0579	0.2131	0.0647	0.0658	0.0669	0.0681	0.0693	0.0705	0.0717	0.0729	0.0742
新疆	-0.0023	0.0430	0.2366	0.0436	0.0437	0.0438	0.0439	0.0440	0.0441	0.0442	0.0443	0.0444

二　省级区域金融集聚水平的趋势分析

31 个省级区域 2012 年至 2020 年金融业增加值占地区生产总值比重预测值的排序结果与最大序差如表 6—7 所示。

表 6—7　2012—2020 年金融业增加值占地区生产总值比重预测值排序

区域	2012	2015	2016	2020	2012—2015 序差	2015—2020 序差	2012—2020 序差
北　京	1	1	1	1	0	0	0
天　津	5	5	5	5	0	0	0
河　北	27	27	26	25	0	1	2
山　西	13	13	13	13	0	0	0
内蒙古	25	26	24	24	1	0	2
辽　宁	22	20	20	20	2	0	2
吉　林	31	31	31	31	0	0	0
黑龙江	29	29	29	29	0	0	0
上　海	2	2	2	2	0	0	0
江　苏	8	8	8	8	0	0	0
浙　江	3	3	3	3	0	0	0
安　徽	23	18	17	16	5	1	7
福　建	12	12	12	14	0	2	2
江　西	26	23	21	18	3	3	8
山　东	19	19	19	21	0	2	3
河　南	24	22	22	19	2	3	5
湖　北	21	24	25	27	3	2	6
湖　南	30	30	30	30	0	0	0
广　东	7	6	6	6	1	0	1
广　西	17	17	18	22	0	4	5
海　南	15	16	15	15	1	0	1
重　庆	4	4	4	4	0	0	0
四　川	16	11	11	11	5	0	5
贵　州	10	14	14	12	4	2	4

区域	2012	2015	2016	2020	2012—2015 序差	2015—2020 序差	2012—2020 序差
云　南	11	9	9	9	2	0	3
西　藏	9	10	10	10	1	0	1
陕　西	20	25	27	28	5	1	8
甘　肃	28	28	28	26	0	2	2
青　海	18	21	23	23	3	0	5
宁　夏	6	7	7	7	1	0	1
新　疆	14	15	16	17	1	1	3

表 6—8　　　　2012—2020 年省级区域金融业集聚水平分类

金融业增加值占地区生产总值比重	第一梯队	北京、上海、浙江、天津、广东、江苏		重庆、宁夏	
	第二梯队	山东、福建、海南	山西、湖北	西藏、贵州、云南、新疆、四川、广西、青海、陕西	辽宁
	第三梯队	河北	安徽、河南、江西、湖南	内蒙古、甘肃	黑龙江、吉林
最大序差	$r_{max} \leqslant 1$	北京、天津、上海、江苏、浙江、广东、海南	山西、湖南	重庆、西藏、宁夏	吉林、黑龙江
	$2 \leqslant r_{max} < 4$	河北、福建、山东		内蒙古、甘肃、云南、新疆	辽宁
	$r_{max} \geqslant 4$		安徽、江西、河南、湖北	四川、广西、陕西、青海、贵州	

　　根据 2020 年各地区金融业增加值占地区生产总值比重将 31 个省级区域分为三个梯队。第一梯队为金融业增加值占地区生产总值比重高的地区，包括北京、上海、浙江、天津、广东、江苏、重庆、宁夏；第二梯队为金融业增加值占地区生产总值比重处于中等水平的地区，包括山东、福建、海南、西藏、贵州、云南、山西、新疆、四川、广西、青海、陕西、湖北、辽宁；第三梯队为金融业增加值占地区生产总值比重较低的地区，有河北、安徽、河南、江西、湖南、甘肃、内蒙古、黑龙江、吉林。

　　根据 2012 年至 2020 年金融业增加值占地区生产总值的最大序差将区域金融集聚变化趋势进行分类，$r_{max} \leq 1$ 的地区为稳定型，$2 \leq r_{max} < 4$ 的地区为亚稳定型，$r_{max} \geq 4$ 的地区为波动型。稳定型地区包括北京、天津、上海、江苏、浙江、广东、海南、山西、湖南、重庆、西藏、宁夏、吉林、黑龙江；亚稳定型地区包括河北、福建、山东、内蒙古、甘肃、云南、新疆、辽宁；波动型地区包括安徽、江西、河南、湖北、四川、广西、陕西、青海、贵州。

　　从预测结果来看，2020 年我国区域金融集聚依然呈现由东部向中部、西部和东北部递减的地域分布特征。东部的北京、上海、浙江、广东、江苏金融业金融集聚水平位于第一梯队，最大序差小于等于 1，表明这五个地区的金融集聚水平较高，发展趋势稳定，至 2020 年集聚水平仍将稳居全国之首。福建省金融集聚水平居于中间水平，2020 年排第 14 名，呈亚稳定型，发展趋势较为稳定。山东金融业规模较大，集聚水平 2012 年排序为第 19 名，2020 年降至第 21 名，说明山东省金融集聚水平有下降趋势。天津金融业集聚水平排名第 5，从发展趋势上看呈稳定上升趋势，2020 年天津市金融业增加值占地区生产总值比重将达到 8.22%。河北与海南金融集聚水平属东部最低，从预测值来看，2020 年河北、海南金融业增加值占地区生产总值比重仅为 3.54%、4.68%。

中部与西部地区金融集聚水平整体较低，与中部其他省份相比，河南与湖北的金融集聚水平相对较高。2012 年河南与湖北金融业增加值占地区生产总值分别为 3.22% 与 3.44%，排名仅为第 24 位与第 21 位，2020 年排名分别变化为第 19 位与第 27 位，河南呈上升趋势，而湖北呈下降趋势。

重庆与四川属西部金融集聚水平相对较高的地区。2012 年重庆与四川金融业增加值占地区生产总值比重分别为 7.04% 与 5.21%，排名为第 4 位与第 10 位，金融集聚水平居中。从最大序差来看，重庆为稳定型，金融集聚水平呈稳定发展趋势，2020 年重庆金融业增加值占地区生产总值比重将达 9.23%。四川为波动型，排名在 2012 年至 2015 年上升了四位，在 2015 年至 2020 年表现稳定。宁夏金融业增加值占地区生产比重较高，排名第 7 位，但其金融业规模较小，2012 年金融业增加值排名第 28 位。

东北三省中辽宁金融集聚水平相对较高，但与东部部分省份相比，其集聚水平仍相对较低。2012 年辽宁金融业增加值排名第 11 位，但金融业增加值占地区生产总值比重低于全国平均水平，仅排名第 22 位，2011 年至 2015 年排名上升两位，2016 年至 2020 年排名持续稳定在第 20 名。金融集聚水平较低的吉林与黑龙江在 2011 年至 2020 年排名一直位于第 31 与第 29，金融集聚水平位于倒数三位，金融集聚水平持续低下。

第七章

结论与研究展望

本书以金融集聚为研究对象，在金融地理学、空间经济学等相关研究的基础之上，运用多种分析方法对我国金融集聚状况进行了研究。利用集中度、基尼系数、区位熵等集聚测度指标反映了我国金融集聚现状和演变趋势，从金融规模、金融机构、金融效率三个方面构建指标体系对区域金融集聚水平进行了综合评价，采用探索性空间分析方法对省级区域金融业空间相关性进行了分析，研究了区域金融业发展之间的空间关联模式，在此基础上通过建立空间面板模型分析了区域金融集聚的影响因素，最后，利用灰色系统理论对我国区域金融集聚发展趋势进行了预测。

一　基本结论

（一）我国金融业向东部地区集聚的趋势明显

从金融业三大行业的发展来看，银行业金融机构网点个数、从业人数稳步增加，资产规模快速增长。2014 年东部地区银行业金融机构个数、从业人数和资产总额在全国占比分别为 41%、45.2% 和 58.4%，所占比重为全国最高，其次为西部、中部，东北部最低，所占比重分别为 9.5%、10.7% 和 7.0%。从资金来源来看，2014 年东部地区本外币存款余额占全国一半以上，西部、中部、东北部存款余额占比依次递减。贷款余额占比最高的依然为东部地区，占

全国比重为 56.8%，其次为西部、中部，东北部最低，仅占
7.2%。从 2006 年至 2014 年的变化趋势来看，西部和中部地区的
存贷款余额增速高于全国平均水平，存贷款余额占比均呈上升趋
势。西部上升幅度较大，中部上升幅度较小。

证券公司数量、上市公司数量、股票筹资额和债券筹资额快速
增加。从地区分布来看，东部地区境内上市公司总数、境内 A 票筹
资额、境内债券筹资额占全国比重最高，2014 年分别为 65.7%、
64.0% 和 71.2%，其次为中部地区，西部和东北部所占比重较低。
总部设在东部地区的证券、基金和期货公司占比分别为 70%、98%
和 72.4%，证券业向东部地区集聚的趋势明显。从 2006 年至 2014
年的变化趋势来看，东部地区境内上市公司占比、国内债券筹资额
占比均呈上升趋势，A 股筹资额和 H 股筹资额占比有所下降。

保险法人公司、分支机构、保费收入快速增长。2014 年总部设
在东部的保险公司数量占 87.1%，集聚水平进一步提高。东部地区
分支机构数量占全国比重最高，达 44.6%，其次为西部，占
24.4%，中部和东北最低，分别占 19.8% 和 11.2%。保费收入也
呈东部最高，依次向西部、中部、东北部递减的格局。从 2006 年
至 2014 年的变化趋势来看，东部地区保险法人公司数量占比、分
支机构数量占比均呈上升趋势，保费收入增速低于全国平均水平，
占全国比重略有降低。

从金融集聚测度指标来看，2001 年至 2014 年五省集中度和基
尼系数均呈波动上升趋势，从另一个角度说明了我国金融资源在市
场机制作用下不断集中于东部地区，金融集聚特征日益明显。

（二）各个省级区域金融集聚水平具有明显差异

从金融业区位熵来看，东部金融业区位熵整体较高，前五席中
东部地区占据四席，大部分地区金融业区位熵超过 1，但河北、山
东、海南为东部金融业区位熵较低的地区。中部六省金融业区位熵

均小于 1，位于前列的为山西、湖北，位于后两位的为湖南、江西。西部地区金融业区位熵差异较大，重庆、宁夏最高，内蒙古、甘肃最低。东北三省均属较低水平，辽宁要高于黑龙江和吉林。

区位熵指标是反映区域产业集聚的相对指标，不能反映产业的绝对规模。有些地区虽具有较高的区位熵，但其产业规模可能非常小。为弥补这一缺陷，本书从金融规模、金融机构和金融效率构建了区域金融集聚评价指标体系，利用纵横向拉开档次多指标综合评价方法对我国 31 个省级区域的金融集聚水平进行了评价。结果表明我国金融集聚呈现由东向西递减的态势，金融集聚程度较高的地区除首都北京外主要集中在东部沿海一带，包括上海、北京、广东、江苏和浙江；其次是辽宁、天津、山东、四川、河北、河南、湖北、福建、山西、陕西、湖南、重庆和安徽；金融集聚水平较低的地区主要位于西部和东北部，包括黑龙江、吉林、内蒙古、云南、新疆、广西、江西、甘肃、海南、宁夏、贵州、青海和西藏。2006 年至 2012 年，上海、北京、广东、江苏、浙江排名一直位于前五位，综合评价值增长率较高，金融集聚发展最快。青海、西藏、宁夏一直位于后三位，综合评价值增长率较低，金融集聚一直处于较低水平。大部分地区排名较为稳定，波动幅度较大的为山西和江西。

（三）省级区域金融业发展存在显著的空间相关性

从五分位图可以看出金融业整体与银行业、证券业、保险业呈现出相似的分布特征，东部的上海、北京、广东、江苏、浙江等地区金融业发展水平较高，中部、西部、东北部地区金融业发展水平较低。全局空间自相关分析表明金融业具有正的空间相关性，相邻地区的金融业增加值具有相似性，并且这种空间相关性在 2006 年至 2012 年具有增强的趋势。从各行业来看，银行业集聚趋势加剧，证券业全局自相关系数未通过显著性检验，保险业集聚水平不及银行业显著。

局部空间自相关分析表明，就金融业整体而言，大部分省份都具有正的空间相关性，属于高—高集聚或者低—低集聚。上海、浙江、江苏、福建、天津和山东这些东部地区属于高—高集聚，而黑龙江、内蒙古、新疆、吉林、辽宁、甘肃、山西、陕西、宁夏、青海、西藏、湖北和重庆等中西部地区属低—低集聚。北京、广东属于高—低型区域，虽本地区具有较高的金融业水平，但周边地区金融业发展水平不高，应加强辐射效应，带动周边地区的金融业发展。安徽、湖南、江西、广西、海南、河北属于低—高型区域，这些地区本省金融业发展水平不高，但其周边地区的金融业发展水平较高，应通过加强与周边地区的金融合作来促进本地区金融业的发展。从行业来看，银行业、证券业、保险业呈现不同程度的集聚。证券业集聚程度最为明显，其次为银行业和保险业。证券业在上海、北京、广东等极少数地区集聚，但绝大部分地区的证券业发展水平低下。东部地区银行业、保险业发展水平高于中西部地区。西部四川的银行业、保险业发展领先于周边地区，中部河南、湖北的保险业发展领先于周边地区。

（四）经济发展水平、科技创新水平、人力资本水平、对外开放水平和政府支持力度对区域金融集聚具有显著影响

在关于区域金融集聚的研究中，绝大部分是将研究区域作为孤立的封闭的区域进行实证分析，忽略了空间地理因素。从空间角度来看，各个地区的金融集聚水平具有一定的空间相关性，因此，在建立计量模型时应该考虑空间因素，利用空间计量的分析方法来进行分析和建模。本书通过建立时空固定效应的空间误差面板模型对金融集聚的影响因素进行了分析，实证结果表明经济发展水平、科技创新水平、人力资本水平、对外开放水平和政府支持力度对区域金融集聚具有显著影响。各地区可以通过加快经济发展、提高人力

资本水平、加强对外开放和政府对金融业的支持来促进本地区的金融业集聚。另外，各个地区在制定区域金融发展政策的时候，应充分考虑周边区域的金融业发展状况及其空间相关性的强弱，充分利用相邻地区金融业的空间依赖性，加强相邻区域间的金融交流与合作，促进区域间金融资源的流动，实现本地区金融业的持续发展。

（五）金融集聚预测值地区差异依旧明显

从预测结果来看，2020 年我国区域金融集聚依然呈现由东部向中部、西部和东北部递减的地域分布特征。东部的北京、上海、浙江、广东、江苏金融业发展趋势稳定，至 2020 年集聚水平仍将稳居全国之首。福建省金融集聚水平居中，发展趋势较为稳定。山东金融业规模较大，金融集聚水平有下降趋势。天津呈稳定上升趋势，2020 年天津市金融业增加值占地区生产总值比重将达到 8.22%。河北与海南金融集聚水平属东部最低，预测 2020 年河北、海南金融业增加值占地区生产总值比重仅为 3.54%、4.68%。

中部、西部与东北部地区金融集聚水平整体较低。中部金融集聚水平相对较高的为河南与湖北，河南呈上升趋势，而湖北呈下降趋势。西部的重庆与四川金融集聚水平相对较高，重庆呈稳定发展趋势，2020 年金融业增加值占地区生产总值比重将达 9.23%。四川呈波动上升趋势，但其 2020 年金融业增加值占地区生产总值比重也只达到 5.05%。东北三省中辽宁金融集聚水平相对较高，但金融业增加值占地区生产总值比重低于全国平均水平，预测 2020 年金融业增加值占地区生产总值比重为 4.10%。

二　研究展望

本书研究了我国金融业集聚现状、金融业发展空间布局和空间相关性，建立空间计量经济模型分析了金融集聚的影响因素，并对区域金融业发展趋势进行了预测。后续研究可从以下几个方面展开。

1. 由于区域金融集聚的相关数据不易获得，本书使用的为省级数据，在依据所构建的指标体系利用多指标综合评价方法对省级区域金融集聚进行评价时不得不对指标体系进行简化。可进一步通过收集更为全面的数据，对市级区域金融集聚进行评价研究。

2. 在建立空间面板计量模型分析金融集聚的影响因素时只考虑了经济基础、人力资本、对外开放和政府支持几个重要的影响因素。今后，可将工业发展水平、信息化水平、居民储蓄等因素引入模型来检验其对金融集聚的影响。

3. 金融集聚的经济效应、金融集聚的空间布局与经济发展空间布局的协调性、金融集聚与制造业集聚的相互关联等都是后续值得研究与探讨的问题。

三 政策建议

根据本书的相关结论，对我国区域金融集聚与金融中心建设提出以下政策建议。

1. 加强经济基础、对外开放和人力资本对区域金融集聚的带动作用

区域金融业的发展与集聚依赖于实体经济的发展。较大的经济规模和持续强劲的经济增长带来的巨大的金融需求和供给是金融业发展的原动力。因此，应通过调整优化产业结构，转变经济发展方式，增强经济发展实力来促进金融业发展。鼓励高新技术产业与金融产业有效地结合，加大科技投入，提高经济效率和金融资源的配置效率，从而促进地区经济与金融的协调发展。特别是对于经济比较落后的中部、西部和东北部地区，政府应通过倾斜性政策促进其经济快速发展，从而带动金融业的共同发展。

实证分析的结果表明，对外开放对金融集聚具有显著影响，同

时国际金融中心的发展历史也表明金融中心所在城市一般为对外开放水平高的城市。因此，可通过深化对外开放来促进地区金融的发展与集聚。通过合作学习国外金融机构经营和管理经验来积极鼓励国内金融机构参与国际金融合作项目。通过各种政策吸引外资金融机构来我国设立跨国金融机构，增进与跨国金融机构的合作与交流。

金融业属知识密集型产业，金融业的发展需要高素质金融人才，为促进金融业发展与集聚应着力培养一批深谙国际惯例，精通各类业务的复合型金融管理人才，不断提高本地区的人力资本水平。在这个过程中，营造良好的人才培养氛围是关键所在。地方政府应加强招纳和培养高素质、高层次金融人才的工作力度，制定出具有地方特色的金融人才培养与深造的规划，促进地区内外金融人才的流动。

2. 充分发挥政府对金融集聚发展的推动作用

我国金融集聚现象呈现由东部向中部、西部和东北部减弱的空间布局，这种布局特征是市场因素和政府推动共同作用的结果。一方面，金融机构在成本优化和收益最大化的驱使下做出群体性选址决策，市场机制驱使金融机构在某些地区集聚。另一方面，改革开放以来，中央政府在经济政策上长期对东部地区实施倾斜，使东部地区在经济和金融发展上都远远领先于中部、西部和东北部地区。与西方发达国家相比，我国金融业整体发展水平还较低，金融体系有待完善，金融机构不够齐全，金融市场功能难以全面发挥。因此，在现阶段政府对金融活动的参与和引导是形成金融集聚的重要推力。地方政府应通过财政政策和金融政策对金融集聚区的发展和金融中心的建设提供支持。在财政政策上通过财政补贴与税收优惠等政策来促进本地区金融企业的建设与发展，例如，对新入驻本地区的金融机构制定相关的优惠政策，通过土地使用优惠、办公场所租金减免以及税收优惠吸引更多的金融机构尤其是具有行业影响力的金融企业或金融企业总部入驻，以加强本地区金融集聚规模。在金融政策方面应通过对金融企业发展制定相关的科技政策，对金融市场结构制定相关发展政策，对金融人才的引进与培养应制定相关政策引导金融人才在金融集聚区集聚，从而促进地区金融集聚的规模发展和金融中心的建设。例如，地方政府可设立专项资金，培育具有潜力的金融企业，奖励在金融创新方面有突出贡献的金融企业，扶持这些企业不断发展壮大，通过增强其示范效应来带动其他金融企业共同发展。此外，地方政府还应对金融生态环境的改善制定相关的建设政策，从完善地区基础设施和金融企业办公条件，改善本地区的文化环境和制度环境，提高本地区居民的思想观念和金融素养等方面来为金融集聚的形成与金融中心发展提供必要的环境支持。

需要指出的是，在发挥政府的推动作用的同时必须注重市场机制的主导作用，政府支持和市场机制在金融集聚区的形成和金融中心的建设过程中二者不可或缺。因此，地区政府在参与区域金融的发展时要坚持市场化运作，将二者有机地结合起来，应根据本地区经济与金融的发展状况来客观判断本地区确实具备发展金融集聚区或金融中心的条件后再来制定相应的金融发展规划和优惠政策。

3. 加强区域间金融交流与合作，增强金融集聚区的辐射作用

我国国有商业银行按照行政区划进行分工，各地分行的经营范围被限制在行政区划之内，涉及全国性的服务往往需要总行来进行决策与协调，跨区域金融业务的服务效率较低。另外，行政区划的存在致使地方政府以地区利益为出发点对资金、技术、信息、客户、市场等各种金融资源进行争夺，金融资源不能按照市场规则进行合理配置，地方保护主义特征明显。尤其是当各个地区之间出现利益争夺时，地方政府常常以行政区划为范围构筑各种壁垒以阻碍

金融资源的跨区域自由流动，导致金融资源的配置效率降低，全国整体利益受到损害。从本书实证分析的结果来看，区域金融业发展存在显著的空间相关性，大部分地区呈现出高—高集聚和低—低集聚的态势。基于这种空间相关性的存在，政府应鼓励并加强各地区间更广泛的金融合作和交流，真正打破地区割据局面，构建区际金融合作平台，加快金融资源在区域间的自由流动，有效整合金融资源，提高金融资源的整体配置效率。地方政府在制定金融发展政策时，需充分考虑周边区域的金融发展情况以及该地区金融发展的空间相关性的强弱，充分利用金融发展的空间依赖性，实现区域金融的协调发展。

上海、北京、深圳作为全国最大的三大金融中心应充分发挥辐射作用和带动作用，促进本地区和周边地区的协调发展。定位为国际金融中心的上海作为长江三角洲的中心城市，应加强其对长三角地区的带动与辐射。首都北京是我国金融业的决策中心、管理中心和信息中心，作为环渤海地区的中心城市和全国性的金融中心，应对环渤海经济圈形成有效辐射。深圳是我国金融业的创新中心，作为珠江三角洲的中心城市，应充分发挥其金融辐射效应推动珠三角经济圈的快速发展。

4. 建立良好的法律制度环境，加强金融监管，防范金融风险

完善的法律制度有利于降低金融活动的交易费用，提高金融交易效率，营造良好的金融环境，保障金融业的稳定发展。因此，应不断健全某些金融业务、金融活动，例如，信托、期货、基金等的相关法律法规，使金融活动能够有法可依，金融市场秩序不断规范。同时加大金融法规的宣传力度，普及金融知识，培养金融意识。提高金融机构、企业、居民的金融法制意识，使全社会都能自觉地学法、用法、守法，用法律来规范各自的金融行为。

金融业是经营信用的行业，信用环境的好坏直接影响着金融业

务是否能顺利开展。基于我国社会信用水平低下、信用制度滞后的现状，应加强信用立法，建立失信惩罚机制，强化信用观念和信用意识，提高信用信息的开放程度，通过市场化运作实现信息共享，提高全社会整体信用水平，创造良好的信用环境来促进金融业的发展和金融中心的建设。

金融集聚区和金融中心聚集了大量的金融机构和金融资源，金融业务频繁，金融创新活跃，因此也存在高度的金融风险。为保证金融集聚区和金融中心的稳定运行，地方政府应加强金融监管，增强对金融风险的敏感性和识别能力，避免金融风险的累积，有效地防范和控制金融风险，保证金融体系健康平稳地运行。对于金融创新，一方面要通过放松管制为金融创新提供必要的外部环境；另一方面要通过建立相关法制法规防范金融创新带来的金融风险。

5. 优化金融业整体空间布局，构建多层次的金融中心体系

我国各个地区金融集聚与发展状况存在显著差异，因此中央政府应对各个地区实施差别化的金融支持政策，促进各地区金融协调发展。在制定区域金融发展战略时应充分考虑各地区金融与经济的发展情况，从国家层面整体规划优化金融业空间布局，构建多层次金融中心体系，提高金融体系的运行效率，促进区域经济的协调发展。在金融产业布局的过程中，中央政府还应该注意各区域金融业发展的同构性的问题，避免出现盲目布局带来的产能过剩和效率低下等问题。

从本书的分析可以看出，上海、北京金融集聚水平远远领先于其他地区，具有明显优势。上海是我国最早规划建设金融中心的城市，中央政府在 2002 年提出将上海建设成为区域性国际金融中心，经过十几年的建设与发展，上海国际金融中心的建设已经取得了巨大的成就，建立了日益完善的现代化的金融市场体系，拥有丰富的金融产品和金融衍生品，集聚了大量的跨国公司总部、分支机构和

研发中心。随着金融集聚趋势的不断加强，上海金融中心建设的目标已由区域性国际金融中心提升为全球性国际金融中心。

北京市政府在 2008 年首次提出将北京建设成为具有国际影响力的金融中心城市并提出了详细的规划，将目标定位为国家金融决策中心、金融管理中心、金融信息中心和金融服务中心。北京作为我国的政治、经济和文化中心，具有得天独厚的优势。北京聚集了大量的金融决策和监管机构，同时也是四大国有商业银行、三大政策性银行以及众多中央直属企业的总部所在地。从世界金融中心的发展历史来看，许多国际金融中心都是首都城市，作为我国的首都，北京建设国际金融中心具有绝对的优势。虽然北京没有完善的期货、股票市场，但从金融资产规模和金融机构总数来看已具备金融中心建设的基本条件。

深圳是我国第三大金融中心，作为我国首批经济特区，其金融业的快速发展得益于众多的中央优惠政策和外资金融机构的进入，金融综合竞争力位居前列。2004 年深圳市政府提出将深圳建设为区域性金融中心，以中国创业投资型资本市场为核心，以中国金融创新的试验场，连接内外两个资本市场的转换器，中国中小企业、高新技术企业和外商投资企业投融资服务中心这三大特色为支撑点，打造特色鲜明的中国内地金融中心。

上海、北京、深圳是我国发展相对较为成熟的金融中心，功能定位明确，是支撑我国金融中心体系的主体支柱。除此之外，还有多个城市提出建设金融中心的设想，例如，广州、天津、济南、青岛、武汉、郑州、重庆、成都、沈阳、大连等，各个城市建设金融中心的定位应有所不同。从发达国家金融中心的发展历史来看，一个国家可以同时存在国际性、全国性、区域性等若干个层次不同的金融中心，这些金融中心彼此形成功能互补，共同促进经济的快速发展。从我国的情况来看，上海定位为全球国际金融中心，北京和深圳定位为全国性金融中心，其余城市定位为区域性金融中心。这些城市在金融中心的发展目标和辐射范围上存在一定的交叉，彼此之间形成竞争，例如，广州与深圳、济南与青岛、重庆与成都、沈阳与大连等，武汉与郑州金融中心将在这些城市的不断竞争中形成和发展。中央政府应从全局上进行把控，对各城市在金融中心建设目标定位上进行整体规划，保持竞争的有序性，避免恶性竞争和重复建设，以构建合理的、多层次的、功能互补的金融中心体系为最终发展目标。

参考文献

中文文献

[1] ［美］保罗·D. 埃里森：《高级回归分析》，李丁译，格致出版社 2011 年版。

[2] ［日］藤田昌久（Masahisa Fujita）、［美］保罗·克鲁格曼（Paul Krugman）、［英］安东尼·J. 维纳布尔斯（Anthony J. Venables）：《空间经济学：城市、区域与国际贸易》，梁琦译，中国人民大学出版社 2011 年版。

[3] ［美］王法辉：《基于 GIS 的数量方法与应用》，姜世国、滕骏华译，商务印书馆 2009 年版。

[4] ［英］G. L. 克拉克、［美］M. P. 费尔德曼、［加］M. S. 格特勒：《牛津经济地理学手册》，商务印书馆 2005 年版。

[5] 拜凡德（Bivand R. S.）、裴贝斯玛（Pebesma E. J.）、格梅尔—卢比奥（Gomez-Rubio V.）：《空间数据分析与 R 语言实践》，徐爱萍、舒红译，清华大学出版社 2013 年版。

[6] 蔡森：《金融集聚风险传导机制及预防对策》，《金融理论与实践》2014 年第 11 期。

[7] 陈斐：《区域空间经济关联模式分析：理论与实证研究》，中国社会科学出版社 2008 年版。

[8] 陈俊、胡宗义、刘亦文：《金融集聚的区域差异及影响因素的

空间计量分析》，《财经理论与实践》2013 年第 6 期。

[9] 陈平、颜超、肖冬红：《香港金融机构集聚分析》，《当代港澳研究》2011 年第 1 期。

[10] 陈强：《高级计量经济学及 Stata 应用》，高等教育出版社 2014 年版。

[11] 陈巧玲：《中部地区农村金融发展对其经济增长的影响研究》，硕士学位论文，中南大学，2008 年。

[12] 陈莎、蒋莉莉、周立：《中国农村金融地理排斥的省内差异——基于"地理金融密度不平等系数"衡量指标》，《银行家》2012 年第 8 期。

[13] 陈莎、周立：《中国农村金融地理排斥的空间差异——基于"金融密度"衡量指标体系的研究》，《银行家》2012 年第 7 期。

[14] 陈渊：《区域金融发展差异与金融调控政策区域化》，硕士学位论文，江苏大学，2009 年。

[15] 崔光庆、王景武：《中国区域金融差异与政府行为：理论与经验解释》，《金融研究》2006 年第 6 期。

[16] 戴志敏、郭露、彭继增：《省域金融集聚发展与产业传导关联——以江西为例》，《软科学》2011 年第 6 期。

[17] 邓明：《变系数空间面板数据模型及其应用的研究》，厦门大学出版社 2014 年版。

[18] 丁艺：《金融集聚与区域经济增长的理论及实证研究》，博士学位论文，湖南大学，2010 年。

[19] 豆晓利：《基于空间计量的金融集聚及其影响因素分析》，《区域金融研究》2014 年第 10 期。

[20] 杜家廷：《中国区域金融发展差异分析——基于空间面板数据模型的研究》，《财经科学》2010 年第 9 期。

［21］杜迎伟：《我国金融资源区域分布不平衡的机理分析及政策建议》，《金融理论与实践》2007 年第 9 期。

［22］方先明、孙爱军、曹源芳：《基于空间模型的金融支持与经济增长研究——来自中国省域 1998—2008 年的证据》，《金融研究》2010 年第 10 期。

［23］范方志、汤玉刚、齐行黎：《国内外银行业聚集上海动因的实证研究》，《上海财经大学学报》2004 年第 5 期。

［24］冯德连、葛文静：《国际金融中心成长的理论分析》，《中国软科学》2004 年第 6 期。

［25］郭亚军：《综合评价理论、方法及应用》，科学出版社 2008 年版。

［26］古学彬：《经济圈金融产业集聚度量与竞争力研究——基于广佛肇经济圈数据分析》，《广东金融学院学报》2012 年第 1 期。

［27］干杏娣：《新时期上海国际金融中心的发展策略与规划》，《上海金融》2002 年第 11 期。

［28］何宜庆、廖文强、白彩全等：《中部六省省会城市金融集聚与区域经济增长耦合发展研究》，《华东经济管理》2014 年第 7 期。

［29］何运信：《中国金融发展的区域差异与区域金融协调发展研究进展与评论》，《经济地理》2008 年第 6 期。

［30］何震：《金融集聚中的中央与地方政府、地方政府间博弈》，《北方经贸》2011 年第 10 期。

［31］胡国晖、李丽：《中部五城市金融集聚程度及影响因素比较研究》，《西部金融》2013 年第 1 期。

［32］胡坚、杨素兰：《国际金融中心评估指标体系的构建——兼及上海成为国际金融中心的可能性分析》，《北京大学学报》

（哲学社会科学版）2003 年第 5 期。

［33］胡健、焦兵：《空间计量经济学理论体系的解析及其展望》，《统计与信息论坛》2012 年第 1 期。

［34］黄解宇：《金融集聚论》，中国社会科学出版社 2006 年版。

［35］黄解宇：《金融集聚效应与金融扩散效应作用机制研究》，《美中经济论》2005 年第 4 期。

［36］黄砚玲、龙志和、林光平：《中国区域金融发展收敛性的空间经济计量研究——来自浙江省 67 个县市区 1997—2008 年的实证分析》，《上海经济研究》2010 年第 4 期。

［37］黄运成、文晓波、杨再斌：《上海建设国际金融中心的基础性条件与主要差距分析》，《上海经济研究》2003 年第 9 期。

［38］黄运成、杨再斌：《关于上海建设国际金融中心的设想》，《管理世界》2003 年第 11 期。

［39］季民河、武占云、姜磊：《空间面板数据模型设定问题分析》，《统计与信息论坛》2011 年第 6 期。

［40］金煌、陈钊、陆铭：《中国的地区工业集聚：经济地理、新经济地理与经济政策》，《经济研究》2006 年第 4 期。

［41］金雪军、田霖：《金融地理学研究评述》，《经济学动态》2004 年第 4 期。

［42］黎平海、王雪：《基于金融集聚视角的产业结构升级研究——以广东省为例》，《广东金融学院学报》2009 年第 6 期。

［43］李婧、谭清美、白俊红：《中国区域创新生产的空间计量分析——基于静态与动态空间面板模型的实证研究》，《管理世界》2010 年第 7 期。

［44］李敬、冉光和、万广华：《中国区域金融发展差异的解释——基于劳动分工理论与 Shapley 值分解方法》，《经济研究》2007 年第 5 期。

［45］李敬、冉光和、孙晓铎：《中国区域金融发展差异的度量与变动趋势分析》，《当代财经》2008 年第 3 期。

［46］李林、丁艺、刘志华：《金融集聚对区域经济增长溢出作用的空间计量分析》，《金融研究》2011 年第 5 期。

［47］李淑娟、冯妮莎：《金融服务产业集群形成机理研究综述》，《技术经济》2012 年第 6 期。

［48］李伟军、孙彦骊：《城市群内金融集聚及其空间演进：以长三角为例》，《经济经纬》2011 年第 6 期。

［49］李文秀、胡继明：《中国服务业集聚实证研究及国际比较》，《武汉大学学报》（哲学社会科学版）2008 年第 2 期。

［50］李小建：《金融地理学理论视角及中国金融地理研究》，《经济地理》2006 年第 5 期。

［51］李鑫、王礼力、魏姗：《农村金融区域发展差异及其影响因素》，《华南农业大学学报》（社会科学版）2014 年第 1 期。

［52］李亚敏、王浩：《伦敦金融城的金融集聚与战略发展研究——兼议对上海国际金融中心建设的启示》，《上海金融》2010 年第 11 期。

［53］李义奇：《略论建设金融中心的一般路径》，《金融理论与实践》2011 年第 6 期。

［54］李正辉、蒋赞：《基于省域面板数据模型的金融集聚影响因素研究》，《财经理论与实践》2012 年第 4 期。

［55］梁琦：《分工、集聚与增长》，商务印书馆 2009 年版。

［56］梁颖、罗霄：《金融产业集聚的形成模式研究：全球视角与中国的选择》，《南京财经大学学报》2006 年第 5 期。

［57］梁颖：《金融产业集聚的宏观动因》，《南京社会科学》2006 年第 11 期。

［58］林光平、龙志和：《空间经济计量：理论与实证》，科学出版

社 2014 年版。

[59] 林珲、赖进贵、周成虎：《空间综合人文学与社会科学研究》，科学出版社 2010 年版。

[60] 刘恒江、陈继祥、周莉娜：《产业集群动力机制研究的最新动态》，《外国经济与管理》2004 年第 7 期。

[61] 刘红：《金融集聚对区域经济的增长效应和辐射效应研究》，《上海金融》2008 年第 6 期。

[62] 刘军、黄解宇、曹利军：《金融集聚影响实体经济机制研究》，《管理世界》2007 年第 4 期。

[63] 刘思峰、郭天榜等：《灰色系统理论及其应用》，科学出版社 1999 年版。

[64] 刘湘云、马尚国：《空间效应与空间计量：理论述评及应用前景》，《河北经贸大学学报》（综合版）2012 年第 1 期。

[65] 龙海明、唐怡、凤伟俊：《我国信贷资金区域配置失衡研究》，《金融研究》2011 年第 9 期。

[66] 鲁凤、徐建华：《中国区域经济差异的空间统计分析》，《华东师范大学学报》（自然科学版）2007 年第 2 期。

[67] 陆文喜、李国平：《中国区域金融发展的收敛性分析》，《数量经济与技术经济研究》2004 年第 2 期。

[68] 马丹：《金融集聚浅析以及金融产业集聚程度评价指标体系的实证研究》，硕士学位论文，华侨大学，2007 年。

[69] 马骊：《空间统计与空间计量经济方法在经济研究中的应用》，《统计与决策》2007 年第 19 期。

[70] 孟兆娟：《中国农村金融发展的区域差异与影响因素分析》，《江苏农业科学》2014 年第 6 期。

[71] 倪鹏飞、刘伟、黄斯赫：《证券市场、资本空间配置与区域经济协调发展——基于空间经济学的研究视角》，《经济研

究》2014 年第 5 期。

[72] 宁钟、杨绍辉：《金融服务产业集群动因及其演进研究》，《商业经济与管理》2006 年第 8 期。

[73] 潘文卿：《中国的区域关联与经济增长的空间溢出效应》，《经济研究》2012 年第 2 期。

[74] 潘英丽：《国际金融中心：历史经验与未来中国》，格致出版社 2010 年版。

[75] 潘英丽：《论金融中心形成的微观基础——金融机构的空间聚集》，《上海财经大学学报》2003 年第 1 期。

[76] 蒲勇健、韩伟：《地理空间效应下中国区域金融发展的俱乐部趋同研究——对 321 个地级市的实证分析》，《统计与信息论坛》2012 年第 11 期。

[77] 钱金保：《面板空间相关模型研究：理论和经验应用》，科学出版社 2013 年版。

[78] 任英华、李彬：《金融集聚竞争力评价模型及其应用——基于珠三角经济圈的实证研究》，《湖南大学学报》2013 年第 8 期。

[79] 任英华、姚莉媛：《金融集聚核心能力评价指标体系与模糊综合评价》，《统计与决策》2010 年第 11 期。

[80] 沈坤荣、张成：《金融发展与中国经济增长——基于跨地区动态数据的实证研究》，《管理世界》2004 年第 7 期。

[81] 沈体雁、冯等田、孙铁山：《空间计量经济学》，北京大学出版社 2010 年版。

[82] 石盛林：《我国县域金融发展水平收敛性问题的实证研究》，《中央财经大学学报》2010 年第 12 期。

[83] 史修松、赵曙东：《中国经济增长的地区差异及其收敛机制》，《数量经济技术经济研究》2011 年第 1 期。

［84］苏方林：《中国研发与经济增长的空间统计分析》，经济科学出版社 2009 年版。

［85］隋钦波、佟川：《对我国金融集聚辐射效应的实证研究》，《金融发展研究》2013 年第 7 期。

［86］孙玲、陶士贵：《基于"空间"视角的金融地理学研究评述与展望》，《重庆工商大学学报》（社会科学版）2011 年第 3 期。

［87］覃成林、刘迎霞、李超：《空间外溢与区域经济增长趋同——基于长江三角洲的案例分析》，《中国社会科学》2012 年第 5 期。

［88］汤韵：《台湾城市化发展及其动力研究：基于空间计量经济学的实证分析》，浙江大学出版社 2011 年版。

［89］唐国新：《我国区域金融差异及其空间计量分析》，硕士学位论文，复旦大学，2011 年。

［90］唐吉平、陈浩、姚星垣：《长三角城市金融辐射力研究》，《浙江大学学报》（人文社会科学版）2005 年第 6 期。

［91］陶冶：《关于中国区域金融中心发展问题的研究》，《中国流通经济》2011 年第 8 期。

［92］滕春强：《金融企业集群：一种新的集聚现象的兴起》，《上海金融》2006 年第 5 期。

［93］田霖：《区域金融成长差异——金融地理学视角》，经济科学出版社 2006 年版。

［94］王传辉：《国际金融中心产生模式的比较研究及对我国的启示》，《世界经济研究》2000 年第 6 期。

［95］王劲峰：《经济与社会科学空间分析》，科学出版社 2012 年版。

［96］王景武：《中国区域金融发展与政府行为：理论与实践》，中

国金融出版社 2007 年版。

[97] 王君芬：《我国区域金融的发展差异及空间效应研究》，硕士学位论文，浙江工业大学，2008 年。

[98] 王力：《中国区域金融中心研究》，中国金融出版社 2008 年版。

[99] 王仁祥、石丹：《区域金融中心指标体系的构建与模糊综合评判》，《统计与决策》2005 年第 17 期。

[100] 王贤文：《区域科技空间计量》，大连理工大学出版社 2012 年版。

[101] 王修华、贺小金、徐晶：《中国农村金融排斥：总体评价、地区差异及影响因素研究》，《西部金融》2012 年第 1 期。

[102] 王修华：《我国区域金融发展差异的比较》，《经济地理》2007 年第 2 期。

[103] 王雪瑞：《生产性服务业集聚研究：基于空间计量的实证》，经济管理出版社 2014 年版。

[104] 吴玉鸣：《县域经济增长集聚与差异：空间计量经济实证分析》，《世界经济文汇》2007 年第 2 期。

[105] 吴玉鸣：《中国区域研发、知识溢出与创新的空间计量经济研究》，人民出版社 2007 年版。

[106] 项歌德：《空间计量经济学理论及其方法应用——基于 R & D 溢出效应测度的视角》，复旦大学出版社 2013 年版。

[107] 徐全勇：《英国金融服务业产业集群发展对上海金融中心建设的启示》，《上海金融》2004 年第 12 期。

[108] 闫庆武：《空间数据分析方法在人口数据空间化中的应用》，东南大学出版社 2011 年版。

[109] 阎小培、姚一民：《广州第三产业发展变化及空间分布特征分析》，《经济地理》1997 年第 2 期。

[110] 闫彦明：《区域经济一体化背景下长三角城市的金融辐射效应研究》，《上海经济研究》2010 年第 12 期。

[111] 杨德勇、吕素香、汪增群等：《区域金融发展问题研究》，中国金融出版社 2006 年版。

[112] 杨慧：《空间分析与建模》，清华大学出版社 2013 年版。

[113] 杨义武、方大春：《金融集聚与产业结构变迁——来自长三角 16 个城市的经验研究》，《金融经济学研究》2013 年第 6 期。

[114] 叶耀明、高平平：《上海建成国际金融中心的国际经验借鉴》，《华东理工大学学报》（社会科学版）2002 年第 17 期。

[115] 张凤超：《金融地域运动：研究视角的创新》，《经济地理》2003 年第 5 期。

[116] 张杰：《中国金融成长的经济分析》，中国经济出版社 1995 年版。

[117] 张世晓、王国华：《区域金融集聚竞争力实证研究——基于非线性系统动力学虫口模型的仿真分析》，《时代金融》2009 年第 2 期。

[118] 张世晓、王国华：《区域金融集聚度演化趋势实证研究——基于组合预测模型的分析》，《金融经济》2009 年第 6 期。

[119] 张世晓、王国华：《基于耗散结构理论的区域金融集聚演化机制研究》，《统计与决策》2010 年第 12 期。

[120] 张伟、杨文硕：《沪港金融集聚效应及其协作路径研究》，《新金融》2013 年第 10 期。

[121] 张志元：《金融企业集群理论研究评述》，《经济学动态》2006 年第 10 期。

[122] 张志元、季伟杰：《中国省域金融产业集聚影响因素的空间计量分析》，《广东金融学院学报》2009 年第 1 期。

[123] 周好文、钟永红:《中国金融中介发展与地区经济增长:多变量 VAR 系统分析》,《金融研究》2004 年第 6 期。

[124] 周凯、刘帅:《金融资源空间集聚对经济增长的空间效应分析——基于中国省域空间面板数据的实证分析》,《投资研究》2013 年第 1 期。

[125] 周丽丽、杨刚强、江洪:《中国金融发展速度与经济增长可持续性——基于区域差异的视角》,《中国软科学》2014 年第 2 期。

[126] 周天芸:《香港国际金融中心研究》,北京大学出版社 2008 年版。

[127] 周雨杰:《金融集聚成因及对经济增长影响研究》,《时代金融》2012 年第 5 期。

[128] 朱承亮:《中国地区经济差距的演变轨迹与来源分解》,《数量经济技术经济研究》2014 年第 6 期。

[129] 朱玉杰、倪骁然:《金融规模如何影响产业升级:促进还是抑制?——基于空间面板 Durbin 模型(SDM)的研究:直接影响与空间溢出》,《中国软科学》2014 年第 4 期。

英文文献

[1] Amin A. and Thrift N. , "Neo-marshallian nodes in global network", International Journal of Urban and Regional Research, Vol. 16, NO. 4, December 1992.

[2] Anselin L. , Bera A. , Anselin L. , "Spatial Dependence in Linear Regression Models with an Introduction to Spatial Econometrics", Revue Déconomie Industrielle, 1998.

[3] Anselin L. , "Local Indicators of Spatial Association-LISA", Geographical Analysis, Vol. 27, NO. 2, 1995.

[4] Anselin L., "Spatial econometrics in RSUE: Retrospect and prospect", Regional Science & Urban Economics, Vol. 37, NO. 4, 2007.

[5] Anselin L., *Spatial Econometrics: Methods and Models*, Dordrecht: Kluwer Academic Publishers, 1988.

[6] Arbia G., Basile R., Piras G., "Using Spatial Panel Data in Modelling Regional Growth and Convergence", Social Science Electronic Publishing, 2006.

[7] Barro R. J. and Sala-I-Martin X, "Convergence across States and Regions", Brookings Papers on Economic Activity, Vol. 22, NO. 1, 1991.

[8] Beaverstock, J. V. and Doel M. A. "Unfolding the Spatial Architecture of the East Asian Financial Crisis: the Organizational Response of Global Investment Banks", Geoform, Vol. 32, NO. 1, 2001.

[9] Bodie, Merton, Grane D. B. etc., *Global Financial System*, Cambridge: Harvard University Press, 1995.

[10] Carnevali F., "Between markets and networks: regional banks in Italy", Business History, Vol. 38, NO. 3, 1996.

[11] Ciccone A., "Agglomeration effects in Europe", European Economic Review, Vol. 46, NO. 2, 2002.

[12] Clark G. L. and Wojcik D., "Path Dependence and Financial Markets: The Economic Geography of the German Model, 1997—2003", Environment & Planning A, Vol. 37, NO. 10, 2004.

[13] Clark G. L. and Wojcik D., "An Economic Geography of Global Finance: Ownership Concentration and Stock-price Volatility in German Firms and Regions", Annals of the Association of Ameri-

can Geographers, Vol. 93, NO. 4, 2015.

[14] David C. Porter and Daniel G. Weaver, "Post-trade transparency on Nasdaq's national market system", Journal of Financial Economics, Vol. 50, NO. 2, 1998.

[15] Dupont V. , "Do geographical agglomeration, growth and equity conflict?" Papers in Regional Science, Vol. 86, NO. 2, 2007.

[16] Elhorst J. P. , "Specification and Estimation of Spatial Panel Models", International Regional Science Review, Vol. 26, NO. 2, 2003.

[17] Ertur C. and Gallo J. L. , "Catherine BAUMONT. The European Regional Convergence Process, 1980—1995: Do Spatial Regimes and Spatial Dependence Matter?", International Regional Science Review, Vol. 29, NO. 1, 2006.

[18] Fujita M. and Thisse J. F. , "Economics of Agglomeration", Journal of the Japanese & International Economies, Vol. 10, NO. 4, 1996.

[19] Giles D. , Ullah A. (Eds.), *Handbook of Applied Economic Statistics*, New York: Marcel Dekker, 1998.

[20] Goldsmith R. , *Financial Structure and Economic Development*, New Haven: Yale University Press, 1969.

[21] Haining R. P. , *Spatial Data Analysis in the Social and Environmental Science*, London: Cambridge University Press, 1993.

[22] Hill E. W. and Brennan J. F. , "A Methodology for Identifying the Drivers of Industrial Clusters: The Foundation of Regional Competitive Advantage", Economic Development Quarterly, Vol. 14, NO. 1, 2000.

[23] Kong, "Geography of Finance Perspective", Urban Affairs Re-

view, Vol. 8, NO. 4, 2003.

[24] Leyshon A. and Thrift N. , "Spatial financial flows and the growth of the modern city", International Social Science Journal, Vol. 49, NO. 151, 1997.

[25] Long G. Y. , "Understanding China's recent growth experience: A spatial econometric perspective", Annals of Regional Science, Vol. 37, NO. 4, 2003.

[26] N. R. Pandit, G. A. S. Cook, P. G. M. Swann, "The Dynamics of Industrial Clustering in British Financial Services", Service Industries Journal, Vol. 21, NO. 4, 2001.

[27] Poon J. P. H. , "Hierarchical Tendencies of Capital Markets among International Financial Centers", Growth and Change, Vol. 34, NO. 2, 2003.

[28] Pryke M. , "Place your bets towards an understanding of globalization, socio-financial engineering and competition within a financial center", Urban Studies, Vol. 32, NO. 2, 1995.

[29] Rajan R. G. , "Insiders and Outsiders: the Choice between Informed and Arms Length Debt", Journal of Finance, Vol. 47, NO. 4, 1992.

[30] Reed H. C. , "The Ascent of Tokyo as an International Financial Center", Journal of International Business Studies, Vol. 11, NO. 3, 1980.

[31] Rioja F. and Valev N. , "Finance and the Sources of Growth at Various Stages of Economic Development", Economic Inquiry, Vol. 42, NO. 1, 2004.

[32] Roubini N. and Martin, "A growth Model of Inflation, Tax Evasion and Financial Repression", Journal of Monetary Economies,

Vol. 35, NO. 2, 1995.

[33] Sassen S. , "Global Financial Centers", Foreign Affairs, Vol. 78, NO. 1, 1999.

[34] Stafford and Howard A. , "Economics of Agglomeration: Cities, Industrial Location and Regional Growth", Annals of the Association of American Geographers, Vol. 35, NO. 3, 2005.

[35] Gehrig T. , "Cities and the Geography of Financial Centres", Social Science Electronic Publishing, 1998.

[36] Young A. , "The Razor's Edge: Distortions and Incremental Reform. In The People's Republic of China", Quarterly Journal of Economics, Vol. 115, NO. 4, 2000.

[37] Zhao S. X. B. , Zhang L. , Wang D. T. , "Determining factors of the development of a national financial center: The case of China", Geoforum, Vol. 35, NO. 5, 2004.